Amazon

La Brève Histoire et les Controverses du plus Grand Détaillant en Ligne du Monde et de son Fondateur ; Jeff Bezos et Plus Encore

Clause de non-responsabilité

Copyright 2023 - *Tous droits réservés*

1

Introduction

Amazon.com, Inc. est une multinationale technologique américaine spécialisée dans le commerce électronique, l'informatique en nuage, la publicité en ligne, la diffusion numérique et l'intelligence artificielle. Elle est considérée comme "l'une des forces économiques et culturelles les plus influentes au monde" et est l'une des marques les plus précieuses au monde. Elle fait partie des cinq grandes entreprises américaines de technologie de l'information, aux côtés d'Alphabet (Google), d'Apple, de Meta (Facebook) et de Microsoft.

Amazon a été fondée par Jeff Bezos dans son garage de Bellevue, dans l'État de Washington, le 5 juillet 1994. Initialement marché en ligne pour les livres, il s'est étendu à une multitude de catégories de produits, une stratégie qui lui a valu le surnom de *"Everything Store" (le magasin de tout)*. Elle possède de nombreuses filiales, dont Amazon Web Services (informatique en nuage), Zoox (véhicules autonomes), Kuiper Systems (Internet par satellite) et Amazon Lab126 (recherche et développement en matière de matériel informatique). Ses autres filiales sont Ring, Twitch, IMDb et Whole Foods Market.

L'acquisition de Whole Foods en août 2017 pour 13,4 milliards de dollars US a considérablement augmenté son empreinte en tant que détaillant physique.

Amazon a acquis une réputation de perturbateur des industries bien établies grâce à l'innovation technologique et au réinvestissement "agressif" des bénéfices dans les dépenses d'investissement. En 2023, elle sera le plus grand détaillant et marché en ligne du monde, le plus grand fournisseur de haut-parleurs intelligents, le plus grand service d'informatique en nuage (AWS), le plus grand service de diffusion en direct (Twitch) et la plus grande société Internet en termes de chiffre d'affaires et de part de marché. En 2021, elle a dépassé Walmart en tant que plus grand détaillant au monde en dehors de la Chine, en grande partie grâce à son plan d'abonnement payant, Amazon Prime, qui compte plus de 200 millions d'abonnés dans le monde. L'entreprise est le deuxième employeur privé des États-Unis.

Amazon distribue également une variété de contenus téléchargeables et en streaming par l'intermédiaire de ses unités Amazon Prime Video, Amazon Music, Twitch et Audible. Elle publie des livres par l'intermédiaire de sa branche d'édition, Amazon Publishing, des films et du contenu télévisuel par l'intermédiaire d'Amazon Studios, et est propriétaire du studio de cinéma et de télévision Metro-Goldwyn-Mayer depuis mars 2022. Elle produit également des produits électroniques grand public, notamment les lecteurs électroniques Kindle, les appareils Echo, les tablettes Fire et les téléviseurs Fire.

Amazon a été critiquée pour ses pratiques de collecte de données sur les clients, sa culture du travail toxique, son évasion fiscale et son comportement anticoncurrentiel.

amazon

Table des matières

Histoire d'Amazon

Amazon.com, Inc. est une multinationale technologique américaine qui se concentre sur le commerce électronique, l'informatique en nuage et le streaming numérique. Elle est considérée comme "l'une des forces économiques et culturelles les plus influentes au monde" et est l'une des marques les plus précieuses au monde.

Amazon a été fondée par Jeff Bezos dans son garage de Bellevue, dans l'État de Washington, le 5 juillet 1994. Initialement marché en ligne pour les livres, il s'est étendu à une multitude de catégories de produits : une stratégie qui lui a valu le surnom de "Everything Store" (le magasin de tout). Elle possède de nombreuses filiales dont Amazon Web Services (cloud computing), Zoox (véhicules autonomes), Kuiper Systems (Internet par satellite), Amazon Lab126 (R&D sur le matériel informatique). Ses autres filiales sont Ring, Twitch, IMDb, MGM Holdings et Whole Foods Market.

Création d'Amazon

La création de l'entreprise est le résultat de ce que Jeff Bezos a appelé son "cadre de minimisation des regrets" - pour éviter de regretter, dans sa vieillesse, de ne pas avoir essayé de participer à l'émergence de l'internet avec sa propre startup. En 1994, Jeff Bezos a quitté son poste de vice-président chez D. E. Shaw & Co, une société de Wall Street, et s'est installé à Seattle, dans l'État de Washington, où il a commencé à travailler sur un plan d'affaires pour ce qui allait devenir Amazon.com.

Le 5 juillet 1994, Bezos a d'abord constitué la société dans l'État de Washington sous le nom de Cadabra, Inc. Quelques mois plus tard, il a changé le nom en Amazon.com, Inc, car un avocat avait mal entendu le nom original, qui était "cadavre". Bezos a choisi ce nom en consultant un dictionnaire ; il a opté pour "Amazon" parce qu'il s'agissait d'un lieu "exotique et différent", exactement comme il l'avait imaginé pour son entreprise Internet. Le fleuve Amazone, a-t-il fait remarquer, est le plus grand fleuve du monde, et il comptait faire de son magasin la plus grande librairie du monde. En outre, il préférait un nom commençant par "A", car il serait probablement en

17

tête d'une liste alphabétique. M. Bezos accordait une grande importance à son avance dans la création d'une marque et a déclaré à un journaliste : "Il n'y a rien dans notre modèle qui ne puisse être copié au fil du temps. Mais vous savez, McDonald's a été copié. Et il a quand même construit une énorme entreprise de plusieurs milliards de dollars. Cela tient en grande partie à la marque. Les marques sont plus importantes en ligne que dans le monde physique".

À ses débuts, l'entreprise était installée dans le garage de la maison de M. Bezos, située sur la 28e rue nord-est de Bellevue, dans l'État de Washington.

Librairie en ligne et IPO

Après avoir lu un rapport sur l'avenir d'Internet qui prévoyait une croissance annuelle du commerce en ligne de 2 300 %, M. Bezos a dressé une liste de 20 produits susceptibles d'être commercialisés en ligne. Il a réduit cette liste aux cinq produits qui lui semblaient les plus prometteurs, à savoir : les disques compacts, le matériel informatique, les logiciels, les vidéos et les livres. Bezos a finalement décidé que sa nouvelle entreprise vendrait des livres en ligne, en raison de la forte demande mondiale de littérature, du faible prix unitaire des livres et du grand nombre de titres disponibles en version imprimée. Amazon a été fondée dans le garage de la maison louée par Bezos à Bellevue, dans l'État de Washington. Les parents de Bezos ont investi près de 250 000 dollars dans la start-up.

Le 16 juillet 1995, Amazon a ouvert ses portes en tant que libraire en ligne, vendant la plus grande collection de livres au monde à toute personne ayant accès au World Wide Web. Le premier livre vendu sur Amazon.com fut *Fluid Concepts and Creative Analogies* de Douglas Hofstadter : *Computer Models of the Fundamental Mechanisms of Thought (Concepts fluides et analogies créatives : modèles informatiques des mécanismes fondamentaux de la pensée) de Douglas Hofstadter.* Au cours des deux premiers mois d'activité, Amazon a vendu dans les 50 États et dans plus de 45 pays. En l'espace de deux mois, les ventes d'Amazon atteignaient 20 000 dollars par semaine. En octobre 1995, l'entreprise s'est annoncée au public. En 1996, elle a été réincorporée dans le Delaware. Amazon a lancé son premier appel public à l'épargne le 15 mai 1997, au prix de 18 dollars par action, sous le symbole boursier NASDAQ AMZN.

19

Barnes & Noble a intenté un procès à Amazon le 12 mai 1997, alléguant que la prétention d'Amazon d'être "la plus grande librairie du monde" était fausse parce qu'elle "...n'était pas du tout une librairie. C'est un courtier en livres". L'action a ensuite été réglée à l'amiable et Amazon a continué à faire la même déclaration. Walmart a intenté un procès à Amazon le 16 octobre 1998, alléguant qu'Amazon avait volé les secrets commerciaux de Walmart en embauchant d'anciens cadres de Walmart. Bien que ce procès ait également été réglé à l'amiable, il a conduit Amazon à mettre en œuvre des restrictions internes et à réaffecter les anciens cadres de Walmart.

En 1999, Amazon a tenté pour la première fois d'entrer dans le secteur de l'édition en achetant une marque disparue, "Weathervane", et en publiant quelques livres "sélectionnés sans réflexion apparente", selon *The New Yorker*. La marque a rapidement disparu et, en 2014, des représentants d'Amazon ont déclaré n'avoir jamais entendu parler de cette marque. Toujours en 1999, le magazine *Time* a désigné Bezos comme la personne de l'année en reconnaissant le succès de l'entreprise dans la popularisation des achats en ligne.

20

2000s

Depuis le 19 juin 2000, le logotype d'Amazon représente une flèche courbée allant de A à Z, ce qui signifie que l'entreprise propose tous les produits de A à Z, la flèche ayant la forme d'un sourire.

Selon certaines sources, Amazon ne s'attendait pas à faire des bénéfices avant quatre ou cinq ans. Cette croissance relativement lente a amené les actionnaires à se plaindre du fait que l'entreprise n'atteignait pas la rentabilité assez rapidement pour justifier leur investissement ou même pour survivre à long terme. En 2001, l'éclatement de la bulle Internet a détruit de nombreuses sociétés de commerce électronique, mais Amazon a survécu et a dépassé la crise technologique pour devenir un acteur majeur de la vente en ligne. L'entreprise a finalement réalisé son premier bénéfice au quatrième trimestre 2001 : 0,01 dollar (soit 1 centime par action), pour un chiffre d'affaires de plus d'un milliard de dollars. Cette marge bénéficiaire, bien qu'extrêmement modeste, a prouvé aux sceptiques que le modèle d'entreprise non conventionnel de Bezos pouvait réussir.

21

Des années 2010 à aujourd'hui

En 2011, Amazon employait 30 000 personnes à temps
plein aux États-Unis et, fin 2016, 180 000 personnes.

En 2014, Amazon a lancé le Fire Phone. Le Fire Phone
était censé offrir des options de streaming multimédia,
mais l'entreprise a échoué, entraînant une perte de 170
millions de dollars pour Amazon. Cela a également conduit
à l'arrêt de la production du Fire Phone l'année suivante.
En août de la même année, Amazon a finalisé l'acquisition
de Twitch, un site de streaming de jeux vidéo sociaux,
pour 970 millions de dollars. Cette nouvelle acquisition
sera intégrée à la division de production de jeux d'Amazon.

En juin 2017, Amazon a annoncé qu'il allait acquérir Whole
Foods, une chaîne de supermarchés haut de gamme
comptant plus de 400 magasins, pour 13,4 milliards de
dollars. Cette acquisition a été considérée par les experts
des médias comme une mesure visant à renforcer ses
avoirs physiques et à contester la suprématie de Walmart
en tant que détaillant de briques et de mortier. Ce
sentiment a été renforcé par le fait que l'annonce a
coïncidé avec l'achat par Walmart de la société de

vêtements pour hommes Bonobos. Le 23 août 2017, les actionnaires de Whole Foods, ainsi que la Federal Trade Commission, ont approuvé l'opération.

En septembre 2017, Amazon a annoncé son intention d'implanter un deuxième siège dans une zone métropolitaine comptant au moins un million d'habitants. Les villes devaient soumettre leurs présentations avant le 19 octobre 2017 pour le projet appelé HQ2. Le deuxième siège, d'une valeur de 5 milliards de dollars, commencera par une superficie de 500 000 pieds carrés et s'étendra par la suite jusqu'à 8 millions de pieds carrés, et pourrait compter jusqu'à 50 000 employés. En 2017, Amazon a annoncé qu'elle construirait un nouveau bâtiment dans le centre-ville de Seattle avec un espace pour Mary's Place, une organisation caritative locale, en 2020.

À la fin de l'année 2017, Amazon comptait plus de 566 000 employés dans le monde.

Selon un article paru le 8 août 2018 dans Bloomberg Businessweek, Amazon détient environ 5 % des dépenses de détail aux États-Unis (à l'exclusion des voitures et des pièces détachées et des visites dans les restaurants et les bars), et 43,5 % des dépenses en ligne américaines en 2018. Selon les prévisions, Amazon détiendra 49 % du total des dépenses en ligne des Américains en 2018, les deux tiers des revenus d'Amazon provenant des États-Unis.

Amazon a lancé le programme de livraison du dernier kilomètre et a commandé 20 000 fourgons Mercedes-Benz Sprinter pour le service en septembre 2018.

Amazon a généré 386 milliards de dollars de ventes au détail de commerce électronique aux États-Unis en 2020, soit une hausse de 38 % par rapport à 2019. Les ventes de la Marketplace d'Amazon représentent une part de plus en plus dominante de son activité de commerce électronique.

Le 14 novembre 2022, il a été annoncé qu'Amazon avait l'intention de licencier 10 000 employés parmi son personnel d'entreprise et de technologie.

HQ2

En novembre 2018, Amazon a annoncé qu'il ouvrirait son nouveau siège très convoité, connu sous le nom de (HQ2)

24

à Long Island City, dans le Queens, à New York, et dans le quartier de Crystal City à Arlington, en Virginie. Le 14 février 2019, Amazon a annoncé qu'elle ne donnerait pas suite au projet de construction de HQ2 dans le Queens et qu'elle se concentrerait plutôt sur le site d'Arlington. L'entreprise prévoit d'installer au moins 25 000 employés à HQ2 d'ici 2030 et investira plus de 2,5 milliards de dollars américains pour établir son nouveau siège à Crystal City ainsi que dans les quartiers voisins de Pentagon City et Potomac Yard, une zone commercialisée conjointement sous le nom de "National Landing". L'annonce a également donné lieu à un nouveau partenariat avec l'université Virginia Tech pour développer un campus d'innovation afin de répondre à la demande de talents dans le domaine de la haute technologie à National Landing et au-delà.

COVID-19

Fin mars 2020, certains travailleurs de l'entrepôt de Staten Island ont organisé un débrayage pour protester contre la mauvaise situation sanitaire sur leur lieu de travail dans le contexte de la pandémie de COVID-19 de 2020. L'un des organisateurs, Chris Smalls, a d'abord été mis en quarantaine sans que personne d'autre ne le soit, puis a été licencié peu après.

La pandémie a provoqué une augmentation des achats en ligne et des pénuries de produits ménagers de base, tant en ligne que dans certains magasins. Du 17 mars au 10 avril 2020, les entrepôts d'Amazon ont cessé d'accepter les articles non essentiels provenant de vendeurs tiers. L'entreprise a embauché environ 175 000 magasiniers et livreurs supplémentaires pour faire face à l'afflux de marchandises, et a temporairement augmenté les salaires de 2 dollars de l'heure.

Acquisition de MGM

Après des mois de spéculation en raison des mauvais résultats financiers de MGM dus à l'impact de la pandémie de COVID-19 sur l'industrie cinématographique, Amazon a entamé des négociations en vue d'acquérir MGM pour un montant estimé à 9 milliards de dollars le 17 mai 2021. Les deux sociétés ont conclu l'accord de fusion le 26 mai 2021, pour une valeur totale de 8,45 milliards de dollars, sous réserve de l'approbation des autorités réglementaires. L'accord permettrait à Amazon d'ajouter la bibliothèque

MGM au catalogue Amazon Prime Video, le studio
continuant d'opérer en tant que label sous la nouvelle
société mère. La fusion a été finalisée le 17 mars 2022,
après l'expiration du délai d'examen de la FTC et
l'approbation de la Commission européenne deux jours
plus tôt, le 15 mars. Plus tard dans la journée, Mike
Hopkins, SVP d'Amazon Studios et Prime Video, a révélé
qu'Amazon continuerait à s'associer à United Artists
Releasing (la coentreprise de distribution de MGM et
Annapurna Pictures), qui resterait en activité pour
distribuer tous les futurs titres de MGM en salles "au cas
par cas", tandis que "tous les employés de MGM
rejoindraient mon organisation". Il a également été révélé
qu'Amazon n'avait pas l'intention de modifier le calendrier
de production et de diffusion du studio, ni de rendre tout le
contenu de la MGM exclusif à Prime Video, ce qui laisse
espérer que le studio fonctionnera de manière autonome
par rapport à Amazon Studios. Ces plans ne devraient pas
avoir d'impact sur l'avenir de la franchise James Bond et
de son équipe créative. Deux réunions publiques ont eu
lieu le 18 mars 2022 pour expliquer plus en détail l'avenir
de MGM après la fusion, l'une destinée aux employés de
MGM et l'autre aux employés d'Amazon Studios/Prime
Video. Les deux ont révélé la nouvelle structure

27

hiérarchique intérimaire dans le cadre du "plan d'intégration progressive" d'Amazon, qui impliquerait De Luca, Mark Burnett (président de MGM Worldwide Television) et Chris Brearton, directeur de l'exploitation, qui rendraient compte à Hopkins au nom du studio. Le 27 avril 2022, il a été annoncé que De Luca et Abdy quitteraient le studio.

Amazon Go

Le 22 janvier 2018, Amazon Go, un magasin qui utilise des caméras et des capteurs pour détecter les articles qu'un acheteur prend dans les rayons et débiter automatiquement le compte Amazon de l'acheteur, a été ouvert au grand public à Seattle. Les clients scannent leur application Amazon Go lorsqu'ils entrent, et doivent avoir une application Amazon Go installée sur leur smartphone et un compte Amazon lié pour pouvoir entrer. Cette technologie vise à supprimer les files d'attente aux caisses. Amazon Go a d'abord été ouvert aux employés d'Amazon en décembre 2016. D'ici la fin de l'année 2018, il y aura au total 8 magasins Amazon Go situés à Seattle, Chicago, San Francisco et New York.

Amazon Go est une chaîne de magasins de proximité aux États-Unis et au Royaume-Uni, exploitée par le détaillant en ligne Amazon. Les magasins sont sans caisse, donc partiellement automatisés, les clients pouvant acheter des produits sans passer par une caisse ou en utilisant une station d'auto-évaluation. En 2020, il y aura 29 magasins ouverts et annoncés à Seattle, Chicago, San Francisco, Londres et New York.

29

Les magasins Amazon Go ont été conceptualisés et testés par une équipe de cadres d'Amazon, qui a construit un faux supermarché de 15 000 pieds carrés dans un entrepôt loué à Seattle, avant de révéler le travail au fondateur d'Amazon, Jeff Bezos, en 2015. Le premier magasin, situé dans le bâtiment Day 1 de l'entreprise, a ouvert ses portes aux employés le 5 décembre 2016 et au public le 22 janvier 2018. Le magasin phare vend des produits tels que des aliments préparés, des kits de repas, des produits d'épicerie en quantité limitée et des spiritueux. Une variante plus grande, Amazon Go Grocery, a ouvert ses portes dans le quartier de Capitol Hill à Seattle le 25 février 2020. Le mois suivant, Amazon a commencé à proposer sa technologie à d'autres détaillants afin que leurs clients puissent effectuer des achats sans l'intervention de caissiers ou de comptes Amazon.

Amazon Prime

Amazon Prime est un service d'abonnement payant d'Amazon, disponible dans plusieurs pays, qui permet aux utilisateurs d'accéder à des services supplémentaires autrement indisponibles ou accessibles moyennant un supplément aux autres clients d'Amazon. Ces services comprennent la livraison de marchandises le jour même, en un ou deux jours, ainsi que la diffusion en continu de musique, de vidéos, d'e-books, de jeux et de services d'épicerie. En avril 2021, Amazon a indiqué que Prime comptait plus de 200 millions d'abonnés dans le monde.

En 2005, Amazon a annoncé la création d'Amazon Prime, un programme d'abonnement offrant la livraison gratuite en deux jours dans la zone contiguë des États-Unis pour tous les achats éligibles moyennant une cotisation annuelle forfaitaire de 79 dollars (équivalent à 110 dollars en 2021), ainsi que des tarifs réduits pour les livraisons en un jour. Amazon a lancé le programme en Allemagne, au Japon et au Royaume-Uni en 2007, en France (sous le nom d'"Amazon Premium") en 2008, en Italie en 2011, au Canada en 2013 et en Inde le 26 juillet 2016.

L'adhésion à Amazon Prime en Allemagne, au Royaume-Uni, au Canada, en Inde et aux États-Unis permet également de bénéficier d'Amazon Video, la diffusion instantanée de films et d'émissions de télévision sélectionnés, sans frais supplémentaires. En novembre 2011, il a été annoncé que les membres Prime avaient accès à la Kindle Owners' Lending Library, qui permet aux utilisateurs d'emprunter certains livres électroniques Kindle populaires pour les lire gratuitement sur le matériel Kindle, à raison d'un livre par mois, sans date d'échéance.

En mars 2014, Amazon a annoncé une augmentation des frais d'adhésion annuels à Amazon Prime, qui sont passés de 79 à 99 dollars pour les clients des États-Unis. Peu après ce changement, Amazon a annoncé Prime Music, un service dans lequel les membres peuvent bénéficier d'un streaming illimité et sans publicité de plus d'un million de chansons et d'un accès à des listes de lecture élaborées. En novembre 2014, Amazon a ajouté Prime Photos, qui permet de stocker un nombre illimité de photos dans l'Amazon Drive de l'utilisateur. En mai 2015, Amazon a également commencé à proposer aux membres Prime la livraison gratuite le jour même dans 14 zones métropolitaines des États-Unis.

33

Le 15 juillet 2015, à l'occasion de son 20e anniversaire, Amazon a célébré l'"Amazon Prime Day", annonçant que les membres Prime bénéficieraient d'offres équivalentes à celles du Black Friday.

En janvier 2016, Amazon Prime comptait 54 millions de membres, selon un rapport de Consumer Intelligence Research Partners.

Le 30 septembre 2016, Twitch, filiale d'Amazon, a annoncé des fonctionnalités premium exclusives aux utilisateurs disposant d'un abonnement Amazon Prime actif (*Twitch Prime*), notamment un accès au service sans publicité et des offres mensuelles de jeux vidéo et de contenus complémentaires.

En décembre 2016, Amazon a commencé à offrir l'option de paiement mensuel pour les adhésions à Prime.

Histoire d'Amazon Prime

Les débuts de l'histoire

En 2005, Amazon a annoncé Amazon Prime, un service d'abonnement offrant la livraison gratuite en deux jours dans la zone contiguë des États-Unis pour tous les achats éligibles moyennant une cotisation annuelle de 79 dollars (équivalant à 110 dollars en 2021) et des tarifs réduits pour les livraisons en un jour. Amazon a lancé le programme en Allemagne, au Japon et au Royaume-Uni en 2007, en France (sous le nom d'"Amazon Premium") en 2008, en Italie en 2011, au Canada en 2013, en Inde en juillet 2016, au Mexique en mars 2017, en Turquie en septembre 2020, en Suède en septembre 2021 et en Pologne en octobre 2021. Amazon Prime est également disponible en Irlande, avec des plans pour une expansion majeure en 2022. En octobre 2021, il y aura des membres Prime dans 22 pays d'Amérique du Nord, d'Europe et d'Asie-Pacifique.

2012-2016

L'adhésion à Amazon Prime en Australie, au Canada, en Allemagne, en Italie, au Royaume-Uni, en Inde et aux

États-Unis comprend Amazon Video, la diffusion instantanée de films et de programmes télévisés sélectionnés sans frais supplémentaires. En novembre 2011, il a été annoncé que les membres Prime avaient accès à la Kindle Owners' Lending Library, qui permet aux utilisateurs d'emprunter jusqu'à un livre électronique Kindle par mois. Les personnes ayant une adresse électronique dans un domaine universitaire tel que .edu ou .ac.uk, généralement des étudiants, peuvent bénéficier des privilèges Prime Student, y compris des réductions sur l'adhésion à Prime.

En mars 2014, Amazon a augmenté les frais d'adhésion annuels à Amazon Prime aux États-Unis, qui sont passés de 79 à 99 dollars. Peu de temps après ce changement, Amazon a annoncé Prime Music, qui permet d'écouter de la musique en streaming de manière illimitée et sans publicité. En novembre 2014, Amazon a ajouté Prime Photos, permettant le stockage illimité de fichiers considérés comme des photographies dans l'Amazon Drive de l'utilisateur. En mai 2015, Amazon a commencé à proposer aux membres Prime la livraison gratuite le jour même dans 14 zones métropolitaines des États-Unis. En avril 2015, Amazon a lancé un partenariat expérimental avec Audi et DHL afin de livrer directement dans les coffres des voitures Audi, disponible dans la région de Munich, en Allemagne, pour certains utilisateurs de voitures connectées Audi.

En décembre 2015, Amazon a déclaré que des "dizaines de millions" de personnes étaient membres d'Amazon Prime. Amazon Prime a ajouté 3 millions de membres au cours de la troisième semaine de décembre 2015. Ce mois-là, Amazon a annoncé la création du Streaming Partners Program, un service d'abonnement qui offre aux abonnés d'Amazon Prime des services de vidéo en

37

continu supplémentaires. Parmi les fournisseurs de programmes impliqués dans le programme figurent Showtime, Starz. Lifetime Movie Club (contenant des titres de films originaux récents de Lifetime Television et Lifetime Movie Network), Smithsonian Earth, et Qello Concerts.

2016-2022

En janvier 2016, Amazon Prime a atteint 54 millions de membres selon un rapport de Consumer Intelligence Research Partners. Selon plusieurs rapports publiés en janvier 2016, près de la moitié des ménages américains étaient membres d'Amazon Prime à ce moment-là. En avril 2016, Amazon a annoncé que la livraison le jour même serait étendue aux régions de Charlotte, Cincinnati, Fresno, Louisville, Milwaukee, Nashville, Central New Jersey, Raleigh, Richmond, Sacramento, Stockton et Tucson, portant la couverture totale à 27 zones métropolitaines. En septembre 2016, Amazon a lancé un service de livraison de restaurants pour les membres Prime à Londres, en Angleterre, avec une livraison gratuite pour toute commande supérieure à 15 livres sterling.

En septembre 2016, Twitch, filiale d'Amazon, a annoncé des fonctionnalités accessibles aux utilisateurs disposant d'un abonnement Amazon Prime (*Twitch Prime*), notamment des offres mensuelles de jeux vidéo et de contenus complémentaires, ainsi que la possibilité d'acheter un abonnement gratuit à la chaîne d'un utilisateur une fois par mois. Amazon s'est ensuite associé à différents développeurs de jeux pour offrir des lots en jeu en guise de récompenses aux abonnés. Les jeux concernés par ces récompenses sont Apex Legends, Legends of Runeterra, FIFA Ultimate Team, Teamfight Tactics, Mobile Legends : Bang Bang, Doom Eternal, etc. En décembre 2016, Amazon a commencé à proposer l'adhésion à Prime pour un tarif mensuel alternatif, au lieu d'un tarif annuel, de 10,99 $ par mois, augmenté à 12,99 $ en février 2018. Amazon a également annoncé Wickedly Prime, une ligne de produits alimentaires et de boissons de sa propre marque disponible pour les membres Prime.

Amazon a annoncé Prime Wardrobe, un service qui permet aux clients d'essayer des vêtements avant de les payer, en juin 2017. Toujours en 2017, Amazon a annoncé le programme Prime Exclusive Phone, qui propose certains smartphones affichant des publicités Amazon sur l'écran de verrouillage de sociétés telles que LG, Motorola et Nokia à un prix réduit.

En mai 2018, Amazon a augmenté les frais d'adhésion annuels à Prime aux États-Unis, qui sont passés de 99 à 119 dollars. En juin 2019, Amazon a élargi son offre de livraison en un jour avec Amazon Prime, déclarant que Prime Free One Day était disponible pour les membres américains sur plus de 10 millions de produits sans minimum d'achat.

Le 3 mars 2020, Amazon a annoncé l'installation de "mini-centres d'approvisionnement" dans certaines villes américaines, dont Dallas, Orlando, Philadelphie et Phoenix, afin de réduire les délais de livraison le jour même. Le même mois, pendant la pandémie de COVID-19, les délais de livraison Prime express pour divers articles en stock ont atteint un mois aux États-Unis au lieu des 1 à 2 jours habituels, Amazon s'efforçant de répondre à une demande exceptionnelle et annonçant qu'elle donnerait la priorité aux articles les plus essentiels. À la fin de l'année 2020, Amazon Prime Pantry a été supprimé dans tous les pays.

En février 2022, Amazon a annoncé sa première augmentation en près de quatre ans pour la cotisation annuelle à Prime aux États-Unis, qui est passée de 119 à 139 dollars. Cette augmentation est due à la hausse des coûts de main-d'œuvre et d'expédition.

En avril 2022, Amazon a lancé "Buy with Prime", un nouveau service pour les membres Prime qui leur permet d'acheter des marchandises auprès de marchands partenaires et de bénéficier des services de logistique, de retour et d'échange d'Amazon.

Le 1er août 2022, Amazon Prime a été disponible pour la première fois en Indonésie, en Thaïlande et aux Philippines. Sa présence vise à développer des contenus locaux et internationaux pour les utilisateurs en Indonésie, l'économie la plus considérable de l'Asie du Sud-Est. Par la suite, les utilisateurs peuvent accéder à Prime Video via le site web officiel à partir de différentes plateformes, telles que les appareils mobiles, les tablettes et les ordinateurs portables.

En janvier 2023, Amazon a annoncé le lancement de RXPass, un service de livraison de médicaments sur ordonnance. Il permet aux membres américains d'Amazon Prime de payer un forfait mensuel de 5 $ pour avoir accès à 60 médicaments. Le service a été lancé immédiatement après l'annonce, sauf dans les États ayant des exigences spécifiques en matière de livraison de médicaments sur ordonnance. Les bénéficiaires de programmes de santé publics tels que Medicare et Medicaid ne pourront pas s'inscrire à RXPass.

Amazon Prime Video

Amazon Prime Video, également connu sous le nom de Prime Video et anciennement Amazon Video et Prime Instant Video, est un service de vidéo en ligne à la demande d'Amazon actuellement disponible dans le monde entier, à l'exception de la Crimée, de la Russie, de la Chine, de l'Iran, de la Syrie et de l'Irak. En 2015, la série *Transparent*, exclusive à Prime Instant Video, a remporté deux Golden Globe Awards, ce qui en fait la première série d'un service de diffusion en continu à remporter le Golden Globe de la meilleure série.

Video Direct

42

Le 10 mai 2016, Amazon a lancé un service vidéo appelé Amazon Video Direct qui permet aux utilisateurs de placer des vidéos à louer ou à posséder, à visionner gratuitement avec des publicités, ou à regrouper et à proposer sous forme d'abonnement publicitaire. Amazon verse aux créateurs 50 % des revenus tirés de la location ou de la vente des vidéos, mais pour les vidéos financées par la publicité, les créateurs recevront une partie des recettes publicitaires.

Prime Music

Prime Music est un service de streaming musical sans publicité qui est inclus dans le coût de l'abonnement standard à Amazon Prime. Il a été lancé en 2007. En novembre 2022, le catalogue de musique a été considérablement élargi et le style a été modifié pour ressembler à Pandora ou à l'écoute d'une station de radio. Cela signifie que lorsque les utilisateurs choisissent une chanson, Prime Music joue quelque chose de similaire, plutôt que la chanson spécifique qui a été sélectionnée. Lorsque les utilisateurs n'aiment pas la chanson substituée par Prime Music, ils peuvent sauter un nombre limité de chansons par heure. Ce changement a été introduit dans

43

le cadre d'un effort visant à soutenir Amazon face aux offres concurrentes de Walmart.

Amazon propose un service d'abonnement distinct appelé Amazon Music Unlimited, qui coûte 8,99 dollars par mois pour les membres Prime et 9,99 dollars par mois pour les autres. Les abonnés à Music Unlimited peuvent choisir les chansons qu'ils souhaitent écouter sans être redirigés vers des chansons ou des artistes similaires.

Les services de streaming musical d'Amazon représentent 10 % du marché, ce qui les rend moins populaires que Spotify et Apple Music.

Prime Video

Le service a été lancé le 7 septembre 2006 sous le nom d'Amazon Unbox aux États-Unis. Le 4 septembre 2008, le service a été rebaptisé Amazon Video on Demand. Le nom Unbox fait toujours référence au programme local qui, depuis août 2014, n'est plus disponible pour le téléchargement de vidéos instantanées achetées. Le 22 février 2011, le service a été rebaptisé Amazon Instant Video.

Les services se sont développés et, en 2011, Amazon a racheté Lovefilm, un service britannique de streaming et de location de DVD par courrier, et les services combinés ont été relancés sous le nom de Prime Video.

Prime Gaming

Amazon a rebaptisé son service Twitch Prime en Amazon Prime Gaming en 2020. Les abonnés à Amazon Prime ou Prime Video bénéficient également de Prime Gaming sans frais supplémentaires. La principale différence est que "pour accéder à Prime Gaming, les clients n'ont pas besoin d'avoir un compte Twitch (comme c'était le cas pour Twitch Prime)". Les abonnés à Prime Gaming peuvent obtenir diverses récompenses dans des jeux vidéo externes, telles que du butin numérique, de la monnaie ou des produits cosmétiques qui coûtent généralement de l'argent ou qui sont exclusifs. En outre, Prime Gaming permet de s'abonner gratuitement à un affilié ou partenaire de Twitch par mois.

Première lecture

Depuis octobre 2016, les membres de Prime aux États-Unis ont accès à un ensemble de livres électroniques Kindle en rotation par l'intermédiaire de Prime Reading. Certains magazines et guides de voyage sont également disponibles via ce service. Prime Reading n'est pas lié à Kindle Unlimited et Kindle First, qui continuent tous deux d'être disponibles, ni à la Kindle Owners Lending Library, qui a été supprimée en janvier 2021.

Prime Pantry

Amazon Prime Pantry était un service d'Amazon.com réservé aux membres Prime, qui emballait des produits d'épicerie courants (non volumineux) et non périssables dans une seule boîte pour les livrer à un prix forfaitaire. Ce service était disponible aux États-Unis, en Autriche, en France, en Allemagne, en Inde, en Italie, au Japon, en Espagne et au Royaume-Uni. Amazon a mis fin au programme à des dates différentes selon les pays, et les articles qui se trouvaient auparavant exclusivement dans Prime Pantry sont désormais disponibles à l'achat dans le magasin principal. Une gamme de produits limitée mais en constante évolution a été proposée, mais elle a en fait diminué par rapport au lancement du service. Lors de la sélection des articles dans le cadre du programme Prime Pantry, chaque article indiquait le pourcentage d'espace qu'il occuperait dans la boîte de livraison. Un total récapitulatif indiquait le degré de remplissage de la boîte. Les frais de livraison restaient les mêmes quel que soit le pourcentage de remplissage. À la fin de l'année 2020, le service a été supprimé dans tous les magasins.

Prime Now

En décembre 2014, Amazon a annoncé que les membres Prime situés dans certains quartiers de Manhattan et de New York City avaient la possibilité de se faire livrer des produits dans un délai d'une heure pour un coût de 7,99 $, ou dans un délai de deux heures sans frais supplémentaires. En 2014, 25 000 produits de première nécessité étaient disponibles avec ce service de livraison. En février 2015, le service a été étendu à l'ensemble de Manhattan. À la mi-2016, il a été étendu aux États-Unis à certains quartiers de Chicago, Miami, Baltimore, Seattle, Dallas, Atlanta, Austin, Nashville, Portland, San Antonio et Tampa. En dehors des États-Unis, il s'est étendu à certaines régions du Royaume-Uni, de l'Italie, de l'Allemagne, de la France, de l'Espagne, du Japon et de

Singapour. Pour répondre aux besoins à la demande de Prime Now, Amazon a également lancé Amazon Flex, une plateforme permettant à des entrepreneurs indépendants de fournir des services de livraison.

Clé Amazon

À domicile

En octobre 2017, Amazon.com a ajouté une option permettant aux membres Prime de se faire livrer à domicile par ses entrepreneurs Amazon Flex, qui entrent à l'aide d'un code à usage unique. Le service, Amazon Key, est devenu disponible pour les clients résidant dans 37 zones métropolitaines des États-Unis en avril 2018. Depuis 2018, le service nécessite une serrure intelligente Kwikset ou Yale et une version spéciale de la caméra de sécurité Cloud Cam d'Amazon.

Les clients disposent d'un délai de quatre heures pour la livraison du colis. Une fois que le coursier ouvre la porte, la Cloud Cam enregistre un clip jusqu'à ce que la porte soit verrouillée, qui est envoyé sur le smartphone du client. Les participants au service peuvent également utiliser l'application Amazon Key pour iOS et Android pour verrouiller et déverrouiller la porte, surveiller la caméra et émettre des clés virtuelles.

Un mois après le lancement du service, un expert en sécurité a découvert une faille, depuis lors corrigée, dans le système qui figeait la caméra et interrompait la transmission des images.

In-Car

Amazon Key In-Car est un service permettant aux propriétaires de véhicules équipés d'OnStar (modèles 2015+) ou de Volvo on Call de se faire livrer des colis dans le coffre de leur véhicule. Ce service est disponible dans les mêmes zones que le service de livraison à domicile d'Amazon Key, mais ne nécessite aucun matériel supplémentaire. Les clients disposent d'un délai de livraison de quatre heures. Pendant cette période, leur véhicule doit se trouver dans une zone accessible au public.

Dans le garage

Lors du CES 2019, Amazon a annoncé un partenariat avec le groupe Chamberlain, permettant de déposer des

colis dans les garages des clients équipés d'ouvre-portes
compatibles avec myQ, dans le cadre du service Key.

Prime Air

Le 1er décembre 2013, *60 Minutes* a rapporté qu'Amazon
Prime Air était un service de livraison futur possible, dont
le développement devrait durer encore plusieurs années.
Selon le concept, le processus utiliserait des drones pour
livrer de petits colis (moins de cinq livres) en 30 minutes en
volant sur de courtes distances (10-20 km) à partir des
centres locaux d'Amazon Fulfillment Centers. Aux États-
Unis, le projet nécessitera l'approbation de l'utilisation
commerciale des drones par la Federal Aviation
Administration.

En juillet 2014, il a été révélé que l'entreprise développait
ses 8e et 9e prototypes de drones, dont certains pouvaient
voler à 80 km/h et transporter des colis de 5 livres, et
qu'elle avait déposé une demande auprès de la FAA pour
les tester. Le projet n'a pas encore été lancé en janvier
2021, bien qu'Amazon ait reçu l'approbation de la FAA aux
États-Unis en août 2020.

Le 13 juin 2022, Amazon a annoncé qu'elle allait livrer des produits à l'aide de drones Prime Air aux clients résidant dans la petite ville de Lockeford, en Californie. Au moment de l'annonce, il n'y a pas de date exacte de lancement autre que "plus tard dans l'année", car Amazon attend l'autorisation de la FAA et des autorités de Lockeford.

Prime Day

Le 15 juillet 2015, pour commémorer le 20e anniversaire du site web, Amazon a organisé son premier Prime Day. L'événement se caractérise par un certain nombre de ventes et de promotions exclusives aux abonnés d'Amazon Prime, Amazon ayant initialement annoncé qu'il proposerait "plus d'offres que le vendredi noir". Le premier Prime Day a fait l'objet de critiques quant à la qualité des réductions proposées, nombre d'entre elles étant liées à des articles peu demandés. Certains utilisateurs ont plaisamment décrit l'événement comme un "vide-grenier", et Walmart s'est également opposé à l'événement en publiant un billet de blog promotionnel affirmant que les clients "ne devraient pas avoir à payer 100 dollars pour trouver de bonnes affaires". Amazon s'est défendu d'avoir critiqué l'événement, notant que le volume des commandes sur le site web avait "dépassé" les ventes du vendredi noir en 2014. Le même mois, Amazon Prime a annoncé qu'elle avait signé avec Jeremy Clarkson, Richard Hammond et James May, anciennement de l'émission *Top Gear* de la BBC, pour commencer à travailler sur *The Grand Tour* pour Amazon Prime Video, qui est sorti en 2016.

Le 13 juillet 2016, Amazon Prime a déclaré que les clients avaient passé 60 % de commandes supplémentaires dans le monde entier lors du "Prime Day". L'édition 2018 a été précédée d'un concert événement dont la tête d'affiche était Ariana Grande, et diffusé en streaming sur Amazon Video et Twitch. Le concert 2019 a eu lieu le 10 juillet avant le Prime Day qui débutera le 15 juillet, et a été diffusé en streaming exclusivement pour les abonnés Prime, avec Taylor Swift, Dua Lipa, Becky G et SZA.

En 2018, le Prime Day a été associé pour la première fois à des protestations contre Amazon et à des grèves d'employés en raison du traitement réservé aux travailleurs dans ses centres de traitement des commandes. Les partisans de ces actions ont exhorté à boycotter Amazon pendant le Prime Day par solidarité, en couvrant tous les services fournis par l'entreprise et ses filiales.

En 2020, le Prime Day a été reporté aux États-Unis et au Canada en raison de la pandémie de COVID-19, et s'est tenu les 13 et 14 octobre. En Inde, le Prime Day a eu lieu les 6 et 7 août.

En mai 2021, le Prime Day a été reporté indéfiniment au Canada en raison du COVID-19.

Disponibilité

Depuis octobre 2021, les abonnements Prime sont disponibles dans 23 pays : Allemagne, Arabie Saoudite, Autriche, Australie, Belgique, Brésil, Canada, Chine, Espagne, France, Inde, Irlande, Italie, Japon, Luxembourg, Mexique, Pays-Bas, Pologne, Portugal, Royaume-Uni, Singapour, Suède et Turquie.

Technologie et mise en œuvre

Amazon utilise plusieurs technologies pour automatiser les magasins Go, notamment la vision par ordinateur, les algorithmes d'apprentissage profond et la fusion de

53

capteurs pour les étapes d'achat, de passage en caisse et de paiement associées à une transaction de détail. Le concept de magasin est considéré comme un modèle révolutionnaire qui s'appuie sur la prévalence des smartphones et la technologie du geofencing pour rationaliser l'expérience client, ainsi que la chaîne d'approvisionnement et la gestion des stocks. Toutefois, le déploiement public du prototype Amazon Go de Seattle a été retardé en raison de problèmes liés à la capacité des capteurs à suivre plusieurs utilisateurs ou objets dans le magasin, par exemple lorsque des enfants déplacent des articles vers d'autres étagères ou lorsque plusieurs clients ont un habitus corporel similaire.

L'application Amazon Go pour iOS et Android est liée à leur compte Amazon et constitue la principale méthode de paiement des articles dans le magasin, à côté de l'argent liquide à certains endroits. L'application est nécessaire pour entrer dans le magasin, qui dispose de tourniquets qui scannent un code QR généré par l'application. L'application permet aux utilisateurs d'ajouter d'autres personnes à leur compte Amazon, de sorte que les achats d'une famille peuvent être portés sur la même facture. Le plafond du magasin est équipé de plusieurs caméras et les étagères sont dotées de capteurs de poids, afin de détecter le ou les articles pris par le client. Si un client prend un article sur l'étagère, celui-ci sera ajouté à son panier virtuel. De même, si un client remet un article sur l'étagère, il le retire de son panier virtuel.

Localisation des sites

En février 2023, il y aura 29 magasins (établis) aux États-Unis et 15 au Royaume-Uni.

Magasins

Dans son rapport sur l'ouverture du premier magasin, *le Wall Street Journal* a déclaré qu'Amazon prévoyait d'ouvrir au moins trois magasins, chacun ayant un format différent. En octobre 2016, *Business Insider* a rapporté avoir vu des documents internes d'Amazon détaillant les plans d'ouverture de pas moins de 2 000 magasins au cours des dix prochaines années. Cette information a été réfutée par un porte-parole d'Amazon, qui a insisté sur le fait que l'entreprise était encore en phase d'apprentissage.

The Verge a rapporté que l'ouverture du premier magasin au public était prévue pour début janvier 2017, précédée
55

d'une version bêta en décembre 2016 réservée aux employés d'Amazon. D'une superficie de 1 800 pieds carrés (170 m^2), il n'avait que la taille d'une supérette de quartier. En octobre 2017, le magasin n'avait pas encore ouvert ses portes au public en raison de problèmes liés à la technologie permettant de suivre plus de 20 personnes à la fois. L'ouverture au public a finalement eu lieu le 22 janvier 2018.

Outre les marques de renom et les marques locales, le magasin vend de nombreuses marques maison d'Amazon, telles que Wickedly Prime et 365. Un deuxième magasin situé dans le centre-ville de Seattle, au Madison Centre, a ouvert ses portes le 27 août 2018. Le troisième magasin Amazon Go, situé dans le complexe Troy Block à South Lake Union, est le deuxième plus grand avec 2 100 pieds carrés (200 m^2) et a ouvert en septembre 2018.

En mai 2018, *le Seattle Times* a rapporté qu'Amazon prévoyait d'ouvrir des magasins Amazon Go à Chicago et à San Francisco ; et en septembre, il a été confirmé que l'entreprise prévoyait d'ouvrir un magasin à New York. En septembre 2018, Amazon Go a ouvert son premier emplacement en dehors de Seattle dans les bureaux de l'entreprise dans le Loop de Chicago. Le même mois, *Bloomberg News* a rapporté qu'Amazon envisageait d'ouvrir jusqu'à 3 000 points de vente Amazon Go à travers les États-Unis d'ici 2021. Un magasin Amazon Go a ouvert ses portes à San Francisco le 23 octobre 2018, au 98 Post Street.

En réponse à la discrimination potentielle à l'égard des personnes à faible revenu, San Francisco, Philadelphie et le New Jersey ont adopté des lois interdisant les magasins et les détaillants sans argent liquide. Un nouveau magasin Amazon Go à New York a ouvert ses portes le 7 mai 2019, avec l'acceptation d'espèces en réponse aux critiques antérieures sur l'utilisation d'achats uniquement par application et ses effets sur les pauvres. En réponse à la législation, les magasins de San Francisco acceptent également les espèces, avec un préposé à l'avant qui laisse entrer et sortir les clients s'ils n'ont pas l'application.

Le 25 février 2020, Amazon a ouvert le premier magasin Amazon Go Grocery dans le quartier de Capitol Hill à Seattle. Le magasin Go Grocery est beaucoup plus grand que les autres magasins Go, avec 10 400 pieds carrés (970 m^2), et propose 5 000 articles, dont des produits frais et des produits de boulangerie. Un deuxième magasin Go Grocery a ouvert ses portes en septembre 2020 dans le quartier Overlake de Redmond, dans l'État de Washington.

En 2023, Amazon a annoncé la fermeture de huit magasins Amazon Go à Seattle, New York et San Francisco.

Amazon 4 étoiles

Amazon a annoncé le lancement de l'Amazon 4 étoiles à New York, dans le quartier de Soho, Spring Street, entre Crosby et Lafayette, le 27 septembre 2018. Le magasin propose des produits notés 4 étoiles et plus provenant des environs de New York. Le site web d'Amazon recherche les produits les mieux notés, les plus demandés, les plus fréquemment achetés et les plus souhaités, qui sont ensuite vendus dans le nouveau magasin Amazon dans des catégories distinctes. Outre les étiquettes de prix en papier, les clients pourront également consulter les fiches d'évaluation en ligne avant d'acheter le produit. Fin 2021, Amazon a ouvert deux magasins 4 étoiles au Royaume-Uni. Son magasin au centre commercial Bluewater dans le

Kent a ouvert en octobre, et son magasin à Westfield London a ouvert en novembre.

En mars 2022, Amazon a annoncé la fermeture de tous ses magasins 4 étoiles, ainsi que de ses magasins de livres et de ses pop-ups, aux États-Unis et au Royaume-Uni, déclarant qu'elle se recentrait sur ses magasins d'alimentation et de mode.

Fusions et acquisitions

Amazon s'est développé grâce à plusieurs fusions et acquisitions. La société a également investi dans un certain nombre d'entreprises en pleine croissance, tant aux États-Unis qu'à l'étranger. En 2014, Amazon a acheté le domaine de premier niveau .buy aux enchères pour plus de 4 millions de dollars. L'entreprise a investi dans des marques qui offrent une large gamme de services et de produits, notamment Engine Yard, une société de services de plateforme Ruby-on-Rails, et Living Social, un site d'offres locales.

Schnelle, kosten...
Lieferung
Filme und Serien
streamen
prime
entregas rápidas
y gratis

60

Produits et services d'Amazon

Il s'agit d'une liste de produits et de services proposés par l'entreprise américaine Amazon.

Produits de détail

Les lignes de produits Amazon comprennent (livres, DVD, CD musicaux, cassettes vidéo et logiciels), des vêtements, des produits pour bébés, des produits électroniques grand public, des produits de beauté, des produits gastronomiques, des produits d'épicerie, des articles de santé et de soins personnels, des fournitures industrielles et scientifiques, des articles de cuisine, des bijoux et des montres, des articles pour la pelouse et le jardin, des instruments de musique, des articles de sport, des outils, des articles pour l'automobile et des jouets/jeux.

La société a lancé amazon.com Auctions, un service d'enchères en ligne, en mars 1999. Toutefois, ce service n'a pas réussi à s'approprier l'importante part de marché du pionnier du secteur, eBay. Plus tard, la société a lancé une place de marché à prix fixe, zShops, en septembre 1999, et le défunt partenariat avec Sotheby's, appelé *Sothebys.amazon.com,* en novembre. Les ventes aux enchères et les zShops ont évolué pour devenir Amazon Marketplace, un service lancé en novembre 2000 qui permet aux clients de vendre des livres, des CD, des DVD et d'autres produits d'occasion en même temps que des articles neufs. En octobre 2014, Amazon Marketplace est la plus grande place de marché de ce type, suivie par des places de marché similaires de Sears, Rakuten et Newegg.

En août 2007, Amazon a annoncé AmazonFresh, un service d'épicerie proposant des denrées périssables et non périssables. Les clients pouvaient se faire livrer leurs commandes à domicile à l'aube ou pendant une période déterminée de la journée. La livraison a d'abord été limitée aux résidents de Mercer Island, dans l'État de Washington, avant d'être étendue à plusieurs codes postaux de Seattle. AmazonFresh a également ouvert des points de retrait dans les banlieues de Bellevue et Kirkland de l'été 2007 au début 2008.

En 2012, Amazon a annoncé le lancement de Vine.com pour l'achat de produits verts, notamment des produits d'épicerie, des articles ménagers et des vêtements. Vine.com fait partie de Quidsi, la société qu'Amazon a rachetée en 2010 et qui gère également les sites Diapers.com (bébé), Wag.com (animaux de compagnie) et YoYo.com (jouets). Amazon possède également d'autres sites de commerce électronique tels que Shopbop.com, Woot.com et Zappos.com.

Le programme "Subscribe & Save" d'Amazon offre un prix réduit sur un article (généralement vendu en gros), la livraison gratuite pour chaque envoi "Subscribe & Save" et l'envoi automatique de l'article tous les mois, tous les deux mois, tous les trois mois ou tous les six mois.

En 2013, Amazon a lancé son site en Inde, Amazon.in. Il a commencé par vendre des produits électroniques. En juillet 2014, Amazon a déclaré qu'il investirait 2 milliards de dollars (12 000 crore Rs) en Inde pour développer ses activités, après que son plus grand rival indien Flipkart a annoncé un financement d'un milliard de dollars.

En 2014, Amazon a vendu 63 % de tous les livres achetés en ligne et 40 % de tous les livres vendus au total.

En 2015, une étude réalisée par Survata a révélé que 44 % des personnes interrogées à la recherche de produits se rendaient directement sur Amazon.com.
63

Le 30 septembre 2015, Amazon a annoncé le lancement de Merch by Amazon, un service destiné à aider les créateurs de contenu à générer des revenus par la vente de T-shirts de marque et d'autres articles de merchandising tels que des chemises à manches longues, des sweatshirts, des sweats à capuche et des grips PopSockets, conçus par les créateurs et vendus, produits et remplis par Amazon. Depuis l'été 2018, le service est également disponible sur les places de marché européennes en Allemagne et en Grande-Bretagne.

En octobre 2015, Amazon a annoncé la création d'une nouvelle place de marché artisanale appelée Handmade By Amazon, qui compte déjà 5 000 vendeurs de 60 pays et 80 000 articles à vendre. La plateforme est conçue pour permettre aux artisans de vendre leurs produits directement au public, à l'instar de la plateforme Etsy.

En septembre 2020, Amazon a lancé Luxury Stores sur son application mobile, où Oscar de la Renta est devenu la première et unique marque à s'associer à l'entreprise.

Electronique grand public

En novembre 2007, Amazon a lancé le Kindle, un lecteur électronique qui télécharge du contenu sur "Whispernet", via le réseau sans fil EV-DO de Sprint. L'écran utilise la technologie E Ink pour réduire la consommation de la batterie et offrir un affichage plus lisible. En juillet 2014, plus de 2,7 millions de livres électroniques étaient disponibles à l'achat sur le Kindle Store. À partir de 2012, Amazon a commencé à proposer différents modèles au sein des générations de ses lecteurs, à commencer par le Paperwhite, le Voyage et, plus récemment, l'Oasis 2, sorti en octobre 2017.

En septembre 2011, Amazon a annoncé son entrée sur le marché des tablettes électroniques en lançant le Kindle Fire, qui utilise une version personnalisée du système d'exploitation Android. Le prix peu élevé du Fire (199 USD) a été largement perçu comme une stratégie soutenue par les recettes d'Amazon provenant de ses ventes de contenu, qui seront stimulées par l'accès aux tablettes Fire.

En septembre 2012, Amazon a dévoilé la tablette de deuxième génération, appelée Kindle Fire HD. Le 25 septembre 2013, Amazon.com a dévoilé sa tablette de troisième génération, appelée Kindle Fire HDX.

En avril 2014, Amazon a annoncé son système de décodeur Amazon Fire TV, un appareil destiné à concurrencer des systèmes tels que l'Apple TV ou le Chromecast de Google. Le décodeur Amazon permet de visionner des vidéos en streaming à partir de sites tels que le propre service de streaming d'Amazon ou d'autres tels que Netflix ou Hulu. L'appareil prend également en charge la recherche vocale pour les films, ainsi que les jeux, qui comprennent des versions spéciales de *Minecraft*, *Asphalt 8* et *The Walking Dead*. Amazon a annoncé le Fire TV Stick en octobre 2014. L'appareil reproduit la plupart des fonctionnalités de la Fire TV.

L'entreprise est entrée sur le marché des smartphones en juillet 2014 avec la sortie du Fire Phone. En raison de ventes et d'une réception médiocres, Amazon l'a abandonné en août 2015.

En 2014, Amazon a commercialisé un haut-parleur intelligent à commande vocale appelé Echo. En mars

2016, Amazon a lancé l'Amazon Echo Dot, une version plus petite et plus abordable de l'Echo.

Contenu numérique

Le système d'honneur d'Amazon a été lancé en 2001 pour permettre aux clients de faire des dons ou d'acheter du contenu numérique, Amazon percevant un pourcentage du paiement ainsi qu'une redevance.

Le 25 septembre 2007, Amazon Music, un magasin de musique en ligne, a été lancé sous le nom d'Amazon MP3 aux États-Unis, vendant des téléchargements exclusivement au format MP3 sans gestion des droits numériques. (Outre la législation sur le droit d'auteur, les conditions d'utilisation d'Amazon limitent l'utilisation des MP3, mais Amazon n'utilise pas la gestion des droits numériques (DRM) pour faire respecter ces conditions). Outre les labels indépendants, Amazon MP3 vend principalement de la musique provenant des "Big 4" : EMI, Universal, Warner Bros. Records et Sony Music. Avant le lancement de ce service, Amazon a investi dans Amie Street, un magasin de musique proposant un modèle de tarification variable en fonction de la demande. Amazon

MP3 a été la première offre en ligne de musique sans DRM provenant des quatre principales maisons de disques.

En novembre 2007, le Kindle Store a été lancé en tant que magasin de commerce électronique de livres électroniques. Il est accessible à partir de n'importe quel Amazon Kindle, tablette Fire ou application mobile Kindle. Lors de son lancement, la boutique comptait plus de 88 000 titres numériques disponibles. Ce nombre est passé à plus de 765 000 en août 2011 et, en janvier 2017, plus de cinq millions de livres électroniques étaient disponibles aux États-Unis.

En janvier 2008, Amazon a commencé à distribuer son service MP3 sur les sites web de ses filiales dans le monde entier et, en décembre 2008, Amazon MP3 a été mis à disposition au Royaume-Uni. Lors du lancement d'Amazon MP3 au Royaume-Uni, plus de 3 millions de chansons sans gestion des droits numériques (DRM) ont été mises à la disposition des consommateurs, à des prix débutant à 59 pence, contre 79 pence pour Apple.

En juillet 2010, Amazon a annoncé que les ventes de livres électroniques pour son lecteur Kindle avaient dépassé les ventes de livres reliés pour la première fois au cours du deuxième trimestre 2010. Amazon affirme qu'au cours de cette période, 143 livres électroniques ont été vendus pour 100 livres reliés, y compris les livres reliés pour lesquels il n'existe pas d'édition numérique. Fin juin et début juillet, les ventes sont passées à 180 livres numériques pour 100 livres reliés.

Le 22 mars 2011, Amazon a lancé l'Amazon Appstore pour les appareils Android et le service a été mis à disposition dans plus de 200 pays. Toujours en 2011, Amazon a annoncé le lancement d'une boutique de téléchargement pour Mac afin de proposer des dizaines de jeux et des centaines de logiciels pour les ordinateurs Apple.

En janvier 2013, Amazon a lancé AutoRip, un service de musique numérique. Ce service permet aux clients de recevoir gratuitement une copie MP3 de certains CD achetés sur Amazon. Amazon a annoncé en septembre 2013 qu'elle lancerait Kindle MatchBook en octobre 2013, un service similaire pour les livres permettant aux clients qui achètent des livres sur Amazon d'acquérir une copie

69

de livre électronique gratuitement ou à un prix réduit de 3 USD ou moins. MatchBook a été lancé sur le site de l'entreprise le 29 octobre 2013.

En octobre 2016, Amazon Music a lancé un service de streaming musical appelé "Amazon Music Unlimited". Contrairement à Prime Music et à son catalogue quelque peu limité, ce service de streaming musical autonome propose des "dizaines de millions" de chansons et vise à concurrencer les leaders du streaming musical tels que Spotify et Pandora Radio. Sa structure tarifaire est similaire, avec toutefois une réduction de 2 dollars par mois pour les membres d'Amazon Prime.

Studios Amazon

Amazon Studios est une division de l'entreprise qui développe des émissions de télévision, des films et des bandes dessinées à partir de soumissions en ligne et de commentaires provenant de la foule. Elle a été créée à la fin de l'année 2010. Le contenu serait distribué par Amazon Video, le service de streaming vidéo numérique d'Amazon, concurrent de services tels que Netflix et Hulu. Pour les films, Warner Bros. est partenaire.

Amazon Games Studios

En octobre 2008, Amazon a acquis le développeur et distributeur de jeux Reflexive Entertainment. Ce studio a continué à développer des jeux pour PC, Mac et lecteurs électroniques Kindle sous les marques Reflexive et Amazon Digital Services. Parmi les titres les plus connus, citons Every Word pour Kindle Paperwhite et Airport Mania pour Kindle Fire, Android, iOS Windows et Mac.

En août 2012, Amazon a annoncé l'ajout d'un département de jeux à sa société, intitulé Amazon Game Studios. Amazon a déclaré qu'il présenterait aux consommateurs des "jeux innovants, amusants et bien conçus". Selon le site web d'Amazon Game Studios, le dernier jeu lancé par le département a été le tout premier jeu mobile d'Amazon, *Air Patriots*, sorti le 1er novembre 2012.

Le 6 février 2014, Amazon a confirmé l'acquisition de la société de jeux Double Helix Games, sans indiquer les conditions financières. Les 75 employés de Double Helix devaient devenir des employés d'Amazon et leur siège social d'Orange County, en Californie, devait rester leur base opérationnelle. Amazon a informé le média

TechCrunch qu'elle avait "acquis Double Helix dans le cadre de son engagement permanent à créer des jeux innovants pour ses clients" et a confirmé que la liste actuelle des jeux de Double Helix et d'autres développements futurs bénéficieraient d'un soutien à la suite de l'acquisition.

Le 25 août 2014, Amazon a annoncé son intention d'acquérir le site web de streaming de jeux vidéo Twitch pour 970 millions de dollars. L'acquisition de Twitch devrait aider Amazon à générer du trafic Internet et à stimuler potentiellement son programme d'adhésion Prime, ainsi qu'à promouvoir ses activités dans le domaine des publicités vidéo et des décodeurs Fire TV.

Amazon Luna

Le 24 septembre 2020, Amazon a annoncé Amazon Luna, un service de jeux en nuage avec une bibliothèque initiale d'environ 100 titres.

Livraison

Pour réduire les coûts, Amazon s'est détourné des fournisseurs de services de livraison traditionnels pour la

72

livraison du dernier kilomètre. L'entreprise possède plus de 30 000 camionnettes de livraison, qui sont sous-louées à de petites entreprises qui choisissent de travailler exclusivement avec l'entreprise dans le cadre de son programme Amazon Logistics. En 2019, Amazon a commandé 100 000 camionnettes de livraison électriques, qui seront livrées entre 2021 et 2030. Pour son service d'une ou deux heures, Prime Now, Amazon distribue des itinéraires à des entrepreneurs indépendants par le biais de son application Flex. Ces derniers sont rémunérés en fonction de la durée estimée par Amazon de l'itinéraire de livraison et utilisent leur véhicule personnel pour effectuer les livraisons. Des robots de livraison de trottoir "Scout" à six roues et des drones sous le nom de Prime Air sont actuellement en cours de développement. Amazon passe aussi directement des contrats de transport de marchandises entre ses entrepôts par camion et par le biais d'Amazon Air.

Épicerie

Amazon Fresh est un service de livraison de produits alimentaires à domicile, testé pour la première fois en 2007, puis mis en place à Boston, Seattle, Los Angeles,

San Francisco, Californie, San Diego, Brooklyn, New York
et Philadelphie. En 2017, Amazon a racheté Whole Foods
et a commencé à vendre des produits de la marque 365
par l'intermédiaire d'Amazon Fresh.

Amazon Prime Pantry est un service similaire qui couvre
les 48 États contigus des États-Unis et permet de
commander jusqu'à 45 livres de produits secs et de
denrées non périssables pour un tarif de livraison
forfaitaire.

Amazon Business

Amazon Supply, lancé en 2012, propose des composants
industriels et scientifiques ainsi que des fournitures de
maintenance, de réparation et d'exploitation (MRO).
Amazon Supply a été développé sur la base de
l'expérience acquise dans l'exploitation de Smallparts.com,
acquis en 2005. Le 28 avril 2015, le service à portée
limitée a été remplacé par Amazon Business. Amazon
Business est un service qui fournit aux propriétaires
d'entreprises enregistrées une plateforme consolidée pour
l'achat de produits et de fournitures auprès d'Amazon. Les
utilisateurs professionnels ont accès à des avantages en

matière d'expédition, à des remises sur les produits éligibles, à des analyses d'achat et à des comparaisons de prix entre différents vendeurs.

Amazon Drive

Amazon Drive, anciennement connu sous le nom de Cloud Drive, est une application de stockage en nuage qui offre un stockage en nuage sécurisé, la synchronisation de fichiers, le partage de fichiers et l'impression de photos. En utilisant un compte Amazon, les fichiers et les dossiers peuvent être transférés et gérés à partir de plusieurs appareils, y compris les navigateurs web, les applications de bureau, les mobiles et les tablettes. Amazon Drive permet également aux utilisateurs américains de commander des tirages photo et des livres photo grâce au service Amazon Prints.

Amazon Photos est un service connexe axé sur le stockage, l'organisation et le partage de photos et de vidéos. Les utilisateurs Prime bénéficient d'un espace de stockage gratuit et illimité pour les photos dans leur format d'origine, y compris certains fichiers RAW. Les vidéos et les photos des utilisateurs non Prime occupent de l'espace dans Drive.

Marques privées et accords de commercialisation exclusifs

En août 2005, Amazon a commencé à vendre des produits sous sa propre marque, "Pinzon" ; les demandes d'enregistrement de la marque indiquaient que celle-ci serait utilisée pour des textiles, des ustensiles de cuisine et d'autres articles ménagers. En mars 2007, l'entreprise a déposé une demande d'extension de la marque afin de couvrir une liste plus diversifiée de produits et d'enregistrer un nouveau dessin composé du "mot PINZON en lettres stylisées avec une lettre "O" encochée qui apparaît à la position "une heure"". Le champ d'application de la marque s'est étendu à des articles tels que les peintures, les tapis, les papiers peints, les accessoires pour cheveux, les vêtements, les chaussures, les couvre-chefs, les produits d'entretien et les bijoux. En septembre 2008, Amazon a déposé une demande d'enregistrement du nom. L'USPTO a terminé l'examen de la demande, mais Amazon n'a pas encore reçu d'enregistrement officiel pour le nom.

AmazonBasics est une ligne de produits sous marque de distributeur, composée principalement d'accessoires électroniques grand public, mais aussi d'accessoires pour la maison et le bureau. La ligne a été lancée en 2009.

En 2014, Amazon a lancé Amazon Elements, une ligne de produits domestiques comprenant des lingettes pour bébés et (anciennement) des couches.

Début 2017, Amazon a lancé une gamme d'en-cas sous le nom de Wickedly Prime. Les produits, tels que les chips et les biscuits, ne sont disponibles que pour les membres d'Amazon Prime.

Une exclusivité Amazon.com est un produit disponible exclusivement sur Amazon.com. Certains DVD sont produits par le propriétaire du film ou du produit, tandis que d'autres sont produits par Amazon.com. Les DVD produits par Amazon sont fabriqués à l'aide de son programme "CreateSpace", dans lequel les DVD sont créés, à la commande, en utilisant la technologie DVD-R. Les DVD sont ensuite expédiés dans un délai d'environ deux semaines. Les DVD sont ensuite expédiés environ deux jours plus tard. Certains DVD (comme la saison 1 de

Jersey Shore ou la saison 1 de *The Unusuals*) sont d'abord distribués en exclusivité sur Amazon.com pour une durée limitée avant d'être distribués ailleurs. Le 23 mai 2011, Amazon.com a permis aux clients de télécharger l'album *Born This Way* de Lady Gaga pour 99 cents, ce qui a retardé certains téléchargements en raison d'un volume de téléchargements extrêmement élevé.

Amazon.com

Amazon.com est une plateforme de commerce électronique qui vend de nombreuses gammes de produits, notamment des médias (livres, films, musique et logiciels), des vêtements, des articles pour bébés, des produits électroniques grand public, des produits de beauté, des produits gastronomiques, des produits d'épicerie, des produits de santé et de soins personnels, des fournitures industrielles et scientifiques, des articles de cuisine, des bijoux, des montres, des articles pour la pelouse et le jardin, des instruments de musique, des articles de sport, des outils, des articles pour l'automobile, des jouets et des jeux, ainsi que des fournitures agricoles et des services de consultance. Les sites web d'Amazon sont spécifiques à chaque pays (par exemple, amazon.com pour les États-Unis et amazon.fr pour la France), bien que certains proposent une livraison internationale.

Le nombre de visites sur *amazon.com est passé* de 615 millions de visiteurs annuels en 2008 à plus de 2 milliards par mois en 2022. La plateforme de commerce électronique est le 14e site web le plus visité au monde.

Les résultats générés par le moteur de recherche d'Amazon sont en partie déterminés par les frais de promotion. Les vitrines locales de l'entreprise, qui diffèrent en termes de sélection et de prix, sont différenciées par le domaine de premier niveau et le code du pays :

Partenariats avec les commerçants

En 2000, le détaillant américain de jouets Toys "R" Us a conclu un accord de dix ans avec Amazon, évalué à 50 millions de dollars par an plus une part des ventes, en vertu duquel Toys "R" Us serait le fournisseur exclusif de jouets et de produits pour bébés sur le service, et le site web de la chaîne serait redirigé vers la catégorie "Jouets et jeux" d'Amazon. En 2004, Toys "R" Us a intenté un procès à Amazon, affirmant qu'en raison d'un manque

79

perçu de variété dans les stocks de Toys "R" Us, Amazon avait sciemment autorisé des vendeurs tiers à proposer des articles sur le service dans des catégories dont Toys "R" Us avait obtenu l'exclusivité. En 2006, un tribunal a statué en faveur de Toys "R" Us, lui donnant le droit de dénoncer son accord avec Amazon et de créer son propre site de commerce électronique. L'entreprise s'est ensuite vu accorder 51 millions de dollars de dommages et intérêts.

En 2001, Amazon a conclu un accord similaire avec le groupe Borders, en vertu duquel Amazon gérerait Borders.com en tant que service co-marqué. Borders s'est retiré de l'accord en 2007, avec l'intention de lancer également sa propre boutique en ligne.

Le 18 octobre 2011, Amazon.com a annoncé un partenariat avec DC Comics pour les droits numériques exclusifs de nombreuses bandes dessinées populaires, dont *Superman*, *Batman*, *Green Lantern*, *The Sandman* et *Watchmen*. Ce partenariat a incité des librairies réputées comme Barnes & Noble à retirer ces titres de leurs rayons.

En novembre 2013, Amazon a annoncé un partenariat avec le service postal des États-Unis pour commencer à livrer les commandes le dimanche. Le service, inclus dans les tarifs d'expédition standard d'Amazon, a débuté dans les zones métropolitaines de Los Angeles et de New York en raison du volume élevé et de l'incapacité à livrer en temps voulu, avec des plans d'extension à Dallas, Houston, la Nouvelle-Orléans et Phoenix d'ici 2014.

En juin 2017, Nike a accepté de vendre des produits par l'intermédiaire d'Amazon en échange d'une meilleure surveillance des contrefaçons. Cette démarche s'est avérée infructueuse et Nike s'est retiré du partenariat en novembre 2019. Des entreprises comme IKEA et Birkenstock ont également cessé de vendre par l'intermédiaire d'Amazon à peu près à la même époque, citant des frustrations similaires concernant les pratiques commerciales et les produits de contrefaçon.

En septembre 2017, Amazon s'est aventuré avec l'un de ses vendeurs JV Appario Retail appartenant à Patni Group qui a enregistré un revenu total de 104,44 millions de dollars américains (₹759 crore) au cours de l'exercice 2017-2018.

81

Depuis le 11 octobre 2017, AmazonFresh vend une gamme de produits de la marque Booths pour une livraison à domicile dans certaines régions.

En novembre 2018, Amazon a conclu un accord avec Apple Inc. pour vendre certains produits via le service, par l'intermédiaire de l'entreprise et de certains revendeurs agréés Apple. À la suite de ce partenariat, seuls les revendeurs agréés Apple peuvent vendre des produits Apple sur Amazon à compter du 4 janvier 2019.

Produits sous label privé

Amazon vend de nombreux produits sous ses propres marques, notamment des chargeurs de téléphone, des batteries et des lingettes pour couches. La marque AmazonBasics a été lancée en 2009 et propose aujourd'hui des centaines de lignes de produits, dont des étuis pour smartphones, des souris d'ordinateur, des piles, des haltères et des caisses pour chiens. En 2019, Amazon possédait 34 marques privées. Ces marques représentent 0,15 % des ventes mondiales d'Amazon, alors que la moyenne pour les autres grands détaillants est de 18 %.

Parmi les autres marques de détail d'Amazon, citons Presto !, Mama Bear et Amazon Essentials.

Vendeurs tiers

Amazon réalise une grande partie de son chiffre d'affaires (environ 40 % en 2008) grâce à des vendeurs tiers qui vendent des produits sur Amazon. D'autres grands vendeurs du commerce électronique utilisent Amazon pour vendre leurs produits en plus de les vendre sur leurs sites web. Les ventes sont traitées par Amazon.com et aboutissent chez les vendeurs individuels pour le traitement et l'exécution des commandes, et Amazon loue des locaux pour ces détaillants. Les petits vendeurs de produits neufs ou d'occasion se rendent sur Amazon Marketplace pour proposer des produits à un prix fixe.

Programme d'affiliation

Les éditeurs peuvent s'inscrire en tant qu'affiliés et recevoir une commission pour avoir orienté des clients vers Amazon en plaçant des liens vers Amazon sur leurs sites web si l'orientation aboutit à une vente. Dans le monde entier, Amazon compte "plus de 900 000 membres" dans ses programmes d'affiliation. Au milieu de l'année 2014, le
83

programme d'affiliation d'Amazon était utilisé par 1,2 % de tous les sites web et il s'agissait du deuxième réseau publicitaire le plus populaire après Google Ads. Il est fréquemment utilisé par les sites web et les organisations à but non lucratif pour permettre aux sympathisants de toucher une commission.

Les associés peuvent accéder au catalogue Amazon directement sur leurs sites web en utilisant le service XML d'Amazon Web Services (AWS). Un nouveau produit d'affiliation, aStore, permet aux associés d'intégrer un sous-ensemble de produits Amazon dans un autre site web ou de le lier à un autre site web. En juin 2010, Amazon Seller Product Suggestions a été lancé pour offrir plus de transparence aux vendeurs en recommandant des produits spécifiques aux vendeurs tiers pour qu'ils les vendent sur Amazon. Les produits suggérés sont basés sur l'historique de navigation des clients.

Revue des produits

Amazon permet aux utilisateurs de soumettre des commentaires sur la page web de chaque produit. Les évaluateurs doivent noter le produit sur une échelle de 1 à

5 étoiles. Amazon propose aux évaluateurs une option de badge qui indique le nom réel de l'évaluateur (sur la base de la confirmation d'un compte de carte de crédit) ou qui indique que l'évaluateur est l'un des meilleurs évaluateurs en termes de popularité. Le 16 décembre 2020, Amazon a supprimé la possibilité pour les vendeurs et les clients de commenter les évaluations de produits et a purgé ses sites web de tous les commentaires affichés sur les évaluations de produits. Dans un courriel adressé aux vendeurs, Amazon a justifié la suppression de cette fonctionnalité : "... *la fonction de commentaires sur les avis des clients était rarement utilisée*". Les autres options de réponse aux commentaires consistent à indiquer si le lecteur trouve le commentaire utile ou à signaler qu'il enfreint les politiques d'Amazon (abus). Si un avis reçoit suffisamment de réponses "utiles", il apparaît sur la première page du produit. En 2010, Amazon était considéré comme la plus grande source d'avis de consommateurs sur Internet.

Lorsque les éditeurs ont demandé à M. Bezos pourquoi Amazon publiait des critiques négatives, il a défendu cette pratique en affirmant qu'Amazon.com "adoptait une approche différente [...] nous voulons rendre tous les livres disponibles - les bons, les mauvais et les laids [...] pour laisser libre cours à la vérité".

Il est arrivé que des critiques positives soient rédigées et publiées par des sociétés de relations publiques au nom de leurs clients et que des écrivains utilisent des pseudonymes pour publier des critiques négatives sur les œuvres de leurs rivaux.

Classement des ventes sur Amazon

Le classement des ventes Amazon (ASR) indique la popularité d'un produit vendu sur n'importe quel site Amazon. Il s'agit d'un indicateur relatif de popularité qui est mis à jour toutes les heures. Il s'agit en fait d'une "liste des meilleures ventes" pour les millions de produits stockés par Amazon. Bien que le REV n'ait pas d'effet direct sur les ventes d'un produit, il est utilisé par Amazon pour déterminer les produits à inclure dans ses listes de best-sellers. Les produits qui figurent dans ces listes bénéficient d'une exposition supplémentaire sur le site web d'Amazon, ce qui peut entraîner une augmentation des ventes. En particulier, les produits qui connaissent d'importants sauts (vers le haut ou vers le bas) dans leur classement des ventes peuvent être inclus dans les listes d'Amazon de "movers and shakers" ; une telle liste fournit une exposition supplémentaire qui peut conduire à une augmentation des ventes. Pour des raisons de concurrence, Amazon ne publie pas les chiffres de vente réels. Toutefois, Amazon a commencé à communiquer aux auteurs vérifiés des données sur les points de vente par l'intermédiaire du service Nielsen BookScan. Alors que le REV a fait l'objet de nombreuses spéculations de la part des éditeurs, des fabricants et des spécialistes du marketing, Amazon lui-même ne divulgue pas les détails de son algorithme de calcul du classement des ventes. Certaines entreprises ont analysé les données de ventes d'Amazon pour générer des estimations de ventes basées sur le RPA, bien qu'Amazon déclare :

Veuillez garder à l'esprit que nos chiffres de classement des ventes sont simplement destinés à servir de guide d'intérêt général pour le client et ne constituent pas des informations définitives sur les ventes pour les éditeurs - nous supposons que vous obtenez ces informations régulièrement auprès de vos sources de distribution.

Magasins physiques

87

En novembre 2015, Amazon a ouvert un magasin physique Amazon Books à University Village à Seattle. Le magasin a une superficie de 5 500 pieds carrés et les prix de tous les produits correspondent à ceux de son site web. Amazon a ouvert sa dixième librairie physique en 2017 ; les spéculations des médias suggèrent qu'Amazon prévoit de déployer à terme 300 à 400 librairies à travers le pays.

En juin 2018, il a été rapporté qu'Amazon prévoyait d'ouvrir des librairies en brique et en mortier en Allemagne.

En août 2019, Amazon a déposé une demande pour ouvrir un magasin de spiritueux à San Francisco, en Californie, afin de pouvoir livrer de la bière et de l'alcool dans la ville.

En 2020, Amazon Fresh a ouvert plusieurs magasins physiques aux États-Unis et au Royaume-Uni.

Matériel et services

Amazon propose un certain nombre de produits et de services, notamment son assistant numérique Alexa, Amazon Music et Prime Video pour la musique et les vidéos respectivement, l'Amazon Appstore pour les applications Android et sa gamme de lecteurs électroniques et de tablettes Kindle. Audible propose des livres audio à l'achat et à l'écoute.

En septembre 2021, Amazon a annoncé le lancement d'Astro, son premier robot ménager, alimenté par sa technologie domestique intelligente Alexa. Il peut être contrôlé à distance lorsqu'il n'est pas chez lui, pour vérifier la présence d'animaux domestiques, de personnes ou la sécurité de la maison. Il enverra une notification aux propriétaires s'il détecte quelque chose d'inhabituel.

En janvier 2023, Amazon a annoncé le lancement de RXPass, un service de livraison de médicaments sur ordonnance. Il permet aux membres américains d'Amazon Prime de payer une redevance mensuelle de 5 $ pour avoir accès à 60 médicaments. Le service a été lancé immédiatement après l'annonce, sauf dans les États ayant des exigences spécifiques en matière de livraison de médicaments sur ordonnance. Les bénéficiaires de programmes de santé publics tels que Medicare et Medicaid ne pourront pas s'inscrire à RXPass.

Filiales

Amazon possède plus de 40 filiales, dont Amazon Web Services, Audible, Diapers.com, Goodreads, IMDb, Kiva Systems (aujourd'hui Amazon Robotics), Shopbop, Teachstreet, Twitch, Zappos et Zoox.

Amazon Web Services

Amazon Web Services (AWS) est une filiale d'Amazon qui fournit des plates-formes d'informatique en nuage et des

API à la demande aux particuliers, aux entreprises et aux gouvernements, sur la base d'un paiement au compteur. Ces services web d'informatique en nuage fournissent une capacité de traitement informatique distribuée et des outils logiciels via les fermes de serveurs AWS. Au quatrième trimestre 2021, AWS détenait 33 % des parts de marché de l'infrastructure en nuage, contre 21 % pour Microsoft Azure et 10 % pour Google Cloud, selon Synergy Group.

En 2002, Amazon a lancé Amazon Web Services (AWS), qui offre un accès programmatique aux caractéristiques latentes de son site web.

En novembre 2005, Amazon a commencé à tester Amazon Mechanical Turk, une interface de programmation d'applications (API) permettant aux programmes de confier des tâches à des processeurs humains.

En mars 2006, Amazon a lancé un service de stockage en ligne appelé Amazon Simple Storage Service (Amazon S3). Un nombre illimité d'objets de données, d'une taille allant de 1 octet à 5 téraoctets, peut être stocké dans S3 et distribué via HTTP ou BitTorrent. Le service facture des frais mensuels pour les données stockées et transférées.

En 2006, Amazon a introduit Amazon Simple Queue Service (Amazon SQS), un service de messagerie en file d'attente distribuée, ainsi que des wikis de produits (plus tard intégrés à Amapedia) et des forums de discussion pour certains produits utilisant des directives qui suivent les conventions standard des forums de discussion.

Toujours en 2006, Amazon a introduit Amazon Elastic Compute Cloud (Amazon EC2), une ferme de sites virtuels, permettant aux utilisateurs d'utiliser l'infrastructure Amazon pour exécuter des applications allant de l'exécution de simulations à l'hébergement de sites web. En 2008, Amazon a amélioré le service en ajoutant Elastic Block Store (EBS), qui offre un stockage persistant pour les instances Amazon EC2 et les adresses IP élastiques, et propose des adresses IP statiques conçues pour l'informatique en nuage dynamique.Amazon a introduit SimpleDB, un système de base de données, permettant aux utilisateurs de ses autres infrastructures d'utiliser un système de base de données à haute fiabilité et à haute performance. En 2008, Amazon a fait passer EC2 de la version bêta à la version "généralement disponible" et a ajouté la prise en charge de la plateforme Microsoft Windows.

93

Amazon continue d'affiner et d'ajouter des services à AWS, en ajoutant des services tels que le service DNS évolutif (Amazon Route 53), la gestion des paiements et des API spécifiques à AWS pour son service Mechanical Turk.

En août 2012, Amazon a annoncé Amazon Glacier, un service web de stockage de fichiers en ligne à bas prix qui permet d'archiver, de stocker et de sauvegarder des données de manière fiable.

AWS Identity and Access Management (IAM) a été lancé en juin 2012 et, plus tard, en novembre 2012, lors de la conférence des développeurs web d'AWS à Las Vegas, la société a annoncé qu'elle ciblait les grandes entreprises en tant que clients du stockage en nuage. Elle réduira encore ses prix S3 pour les clients ayant des contrats à long terme dans le cadre de son service de stockage "Redshift" lancé en 2013.

En mars 2013, Amazon a annoncé sa Mobile Ads API pour les développeurs. Cette nouvelle API peut être utilisée sur des applications distribuées sur n'importe quelle plateforme Android, à condition que l'application soit également disponible sur l'Appstore d'Amazon.

En décembre 2014, Amazon Web Services exploitait 1,4 million de serveurs dans 11 régions et 28 zones de disponibilité.

En janvier 2015, AWS a annoncé son propre service de messagerie et de planification, baptisé WorkMail.

Audible

Audible est un vendeur et un producteur de programmes audio de divertissement, d'information et d'éducation sur Internet. Audible vend des livres audio numériques, des programmes de radio et de télévision, ainsi que des versions audio de magazines et de journaux. Grâce à sa branche de production, Audible Studios, Audible est également devenu le plus grand producteur mondial de livres audio téléchargeables. Le 31 janvier 2008, Amazon a annoncé son intention de racheter Audible pour environ 300 millions de dollars. La transaction a été finalisée en mars 2008 et Audible est devenue une filiale d'Amazon.

Amazon Publishing

95

Amazon Publishing est l'unité d'édition d'Amazon lancée en mai 2009. Elle se compose d'AmazonEncore, AmazonCrossing, Montlake Romance, Thomas & Mercer, 47North, Powered by Amazon, New Harvest, Grand Harbor Press, Two Lions, Skyscape et Waterfall Press.

Lancé en 2005, Amazon Shorts proposait des nouvelles et des articles non fictionnels exclusifs d'auteurs à succès à télécharger sur le Kindle Store. En juin 2007, le programme comptait plus de 1 700 articles et en ajoutait environ 50 nouveaux par semaine, mais il a été interrompu le 1er juin 2010.

AmazonSmile

Amazon a également créé des "canaux" au profit de certaines causes. En 2004, Amazon a permis à ses clients de faire des dons de 6 à 200 dollars pour les campagnes des candidats à l'élection présidentielle américaine de 2004, en fournissant des liens qui ont permis de récolter 300 000 dollars pour les candidats. Amazon a périodiquement réactivé un canal de dons de la Croix-Rouge après des crises telles que l'ouragan Sandy, l'ouragan Katrina et le tremblement de terre et le tsunami de 2004 dans l'océan Indien. En janvier 2005, près de 200 000 personnes avaient fait don de plus de 15,7 millions de dollars aux États-Unis.

En 2013, Amazon a lancé une initiative caritative appelée AmazonSmile. Il est possible d'y accéder en se rendant sur smile.amazon.com, smile.amazon.co.uk ou smile.amazon.de lors d'un achat normal. Cette initiative permet à Amazon de reverser 0,5 % du prix de vente des articles éligibles à l'organisation caritative choisie par le client en tant que mécène.

Le 18 janvier 2023, Amazon a annoncé qu'elle fermerait AmazonSmile le 20 février 2023, afin de se concentrer sur les programmes de dons philanthropiques.

Amazon Local

Amazon Local est un service d'offres quotidiennes lancé en juin 2011 à Boise, dans l'Idaho. En 2013, Amazon Local propose des offres quotidiennes dans plus de 100 régions de 36 États américains. Amazon Local fait également office d'agrégateur de bonnes affaires ; certaines d'entre elles sont en fait proposées par LivingSocial, une société dans laquelle Amazon a fortement investi.

Il a été lancé progressivement au Royaume-Uni le 29 août 2012, en commençant par Londres et en s'étendant à d'autres villes.

Le 18 décembre 2015, Amazon Local a cessé de vendre des offres quotidiennes ; toutefois, les offres achetées sont restées valables conformément à ses conditions.

Magasins de détail

Le 2 novembre 2015, Amazon a ouvert son premier magasin physique, une librairie dans le centre commercial University Village à Seattle. Le magasin, connu sous le nom d'Amazon Books, propose des prix équivalents à ceux du site web d'Amazon (pour les membres Prime) et intègre les commentaires en ligne dans les rayons du magasin.

Le 22 janvier 2018, Amazon Go, un magasin qui utilise des caméras et des capteurs pour détecter les articles qu'un acheteur prend dans les rayons et débiter automatiquement le compte Amazon de l'acheteur, a été ouvert au grand public à Seattle. Les clients scannent leur application Amazon Go lorsqu'ils entrent, et doivent avoir une application Amazon Go installée sur leur smartphone et un compte Amazon lié pour pouvoir entrer. Cette technologie vise à supprimer les files d'attente aux caisses. Amazon Go a d'abord été ouvert aux employés d'Amazon en décembre 2016. D'ici la fin de l'année 2018, il y aura huit magasins Amazon Go à Seattle, Chicago, San Francisco et New York. Amazon prévoit d'ouvrir jusqu'à 3 000 magasins Amazon Go à travers les États-Unis d'ici 2021.

Amazon a annoncé le lancement de l'Amazon 4 étoiles à New York, dans le quartier de Soho, Spring Street, entre Crosby et Lafayette, le 27 septembre 2018. Le magasin propose les produits les mieux notés (4 étoiles et plus) de la région de New York. Le site web d'Amazon recherche les produits les mieux notés, les plus demandés, les plus fréquemment achetés et les plus souhaités, qui sont ensuite vendus dans le nouveau magasin d'Amazon dans des catégories distinctes. Outre les étiquettes de prix en papier, les clients pourront également consulter les fiches d'évaluation en ligne avant d'acheter le produit.

Le 11 novembre 2019, Amazon a annoncé son intention d'ouvrir un nouveau type d'épicerie à Los Angeles en 2020. En août 2020, Amazon a révélé le nom de l'enseigne, Amazon Fresh. Le concept de la chaîne reposait sur l'utilisation de chariots Dash Carts, dotés d'écrans et d'un scanner pour un code spécial connecté au compte Amazon de l'utilisateur. Les clients s'identifient en scannant leur code unique trouvé dans l'application Amazon, et au fur et à mesure qu'ils mettent des articles dans leur chariot, ils sont ajoutés à une liste qui est débitée de la carte de crédit de l'utilisateur à la sortie du magasin. Contrairement à Amazon Go, les magasins disposent également de caisses traditionnelles. Le premier magasin a ouvert ses portes dans le quartier de Woodland Hills en septembre 2020. Un deuxième magasin a ouvert ses portes à Irvine en octobre 2020. Amazon Fresh est actuellement présent en Californie, dans l'Illinois, en Pennsylvanie, en Virginie, à Washington et à Washington D.C., aux États-Unis, ainsi qu'à Londres, au Royaume-Uni.

Amazon Home Services

En mars 2015, Amazon a lancé un nouveau service à la demande, Amazon Home Services, destiné à offrir aux propriétaires une place de marché pour des services professionnels tels que la plomberie, l'électricité, l'installation audiovisuelle et les services d'entretien des pelouses (services d'amélioration de l'habitat). La catégorie Home Services est conçue pour faciliter la recherche d'un spécialiste en vérifiant que les prestataires sont dûment agréés et assurés pour le travail à effectuer. Le service est "Satisfaction garantie" et offre un remboursement si vous n'êtes pas satisfait au final. En outre, les avis sont vérifiés afin que vous sachiez que l'auteur de l'avis a réellement payé et utilisé les services.

Amazon Cash/Top Up

Amazon Cash (aux États-Unis et au Canada) et Amazon Top Up (au Royaume-Uni) sont des services permettant aux acheteurs d'Amazon d'ajouter de l'argent à leur compte Amazon dans un magasin de détail physique. Le service, lancé en avril 2017, permet aux utilisateurs d'ajouter entre 5 et 500 dollars (entre 5 et 250 livres sterling) à leur compte en payant en espèces chez un détaillant participant, qui scanne un code-barres lié au compte Amazon du client. Les utilisateurs peuvent présenter l'application sur papier, sur l'application Amazon ou sous la forme d'un message texte envoyé par le site Web d'Amazon. Les détaillants participants sont notamment 7-Eleven, CVS Pharmacy et GameStop.

Bonnes lectures

Goodreads est un site web de "catalogage social" fondé en décembre 2006 et lancé en janvier 2007 par Otis Chandler, ingénieur logiciel et entrepreneur, et Elizabeth Khuri. Le site web permet aux individus d'effectuer librement des recherches dans la vaste base de données de livres, d'annotations et de critiques de Goodreads, alimentée par les utilisateurs. Les utilisateurs peuvent s'inscrire et enregistrer des livres pour créer des catalogues de bibliothèques et des listes de lecture. Ils peuvent également créer leurs propres groupes de suggestions de livres et de discussions. En décembre 2007, le site comptait plus de 650 000 membres et plus d'un million de livres avaient été ajoutés. Amazon a racheté la société en mars 2013.

Anneau

Ring est une entreprise de domotique fondée par Jamie Siminoff en 2013. Elle est principalement connue pour ses sonnettes intelligentes alimentées par Wi-Fi, mais fabrique d'autres appareils tels que des caméras de sécurité.

Amazon a racheté Ring pour 1 milliard de dollars américains en 2018.

Twitch

Twitch est une plateforme de streaming vidéo en direct, principalement orientée vers le contenu des jeux vidéo. Twitch a été racheté par Amazon en août 2014 pour 970 millions de dollars. La croissance rapide du site a été stimulée principalement par l'importance des grandes compétitions de sports électroniques sur le service, ce qui a conduit Rod Breslau, rédacteur en chef de GameSpot pour les sports électroniques, à décrire le service comme "l'ESPN des sports électroniques". En 2015, le service comptait plus de 1,5 million de diffuseurs et 100 millions de téléspectateurs mensuels.

Whole Foods Market

Whole Foods Market est une chaîne américaine de supermarchés proposant exclusivement des aliments sans conservateurs artificiels, sans colorants, sans arômes, sans édulcorants et sans graisses hydrogénées. Amazon a racheté Whole Foods pour 13,7 milliards de dollars en août 2017.

Autres

Parmi les autres filiales d'Amazon, citons

- A9.com, une société spécialisée dans la recherche et la création de technologies innovantes, est une filiale depuis 2003.
- Amazon Maritime, Inc. détient une licence de la Federal Maritime Commission pour opérer en tant que NVOCC (non-vessel-owning common carrier), ce qui lui permet de gérer ses expéditions de la Chine vers les États-Unis.
- Amazon Pharmacy est un service de livraison en ligne dédié aux médicaments sur ordonnance, lancé en novembre 2020. Le service offre des réductions allant jusqu'à 80 % pour les médicaments génériques et jusqu'à 40 % pour les médicaments de marque pour les utilisateurs abonnés à Prime. Les produits peuvent être achetés sur le site web de l'entreprise ou dans plus de 50 000 pharmacies aux États-Unis.
- Annapurna Labs, une entreprise de microélectronique basée en Israël et réputée pour un montant de 350 à 370 millions de dollars

américains, a été rachetée par Amazon Web Services en janvier 2015.

- Beijing Century Joyo Courier Services, qui a demandé une licence de transitaire à la Commission maritime américaine. Amazon développe également sa logistique dans le domaine du camionnage et du fret aérien afin de pouvoir concurrencer UPS et FedEx.

- Brilliance Audio est un éditeur de livres audio fondé en 1984 par Michael Snodgrass à Grand Haven, Michigan. La société a produit ses 8 premiers titres audio en 1985. Elle a été rachetée par Amazon en 2007 pour un montant non divulgué. Au moment de l'acquisition, Brilliance produisait 12 à 15 nouveaux titres par mois. Elle fonctionne comme une entreprise indépendante au sein d'Amazon. En 1984, Brilliance Audio a inventé une technique permettant d'enregistrer deux fois plus sur la même cassette. Cette technique consiste à enregistrer sur chacun des deux canaux de chaque piste stéréo. On lui attribue la révolution du marché naissant des livres audio au milieu des années 1980, car elle a rendu les livres non abrégés abordables.

105

- ComiXology, une plateforme de bandes dessinées numériques basée sur le cloud, compte plus de 200 millions de téléchargements de bandes dessinées en septembre 2013. Elle propose une sélection de plus de 40 000 bandes dessinées et romans graphiques sur les appareils Android, iOS, Fire OS et Windows 8, ainsi que sur un navigateur web. Amazon a racheté la société en avril 2014.

- CreateSpace, qui propose des services d'autoédition aux créateurs de contenu indépendants, aux éditeurs, aux studios de cinéma et aux labels musicaux, est devenue une filiale en 2009.

- Eero, une entreprise d'électronique spécialisée dans les appareils Wifi en réseau maillé fondée en tant que startup en 2014 par Nick Weaver, Amos Schallich et Nate Hardison pour simplifier et innover la maison intelligente. Eero a été racheté par Amazon en 2019 pour 97 millions de dollars américains. Eero a continué d'opérer sous sa bannière et annonce son engagement en faveur de la protection de la vie privée malgré les premières inquiétudes suscitées par l'acquisition de l'entreprise.

- Health Navigator est une startup développant des API pour les services de santé en ligne acquise en octobre 2019. La startup fera partie d'Amazon Care, qui est le service de santé pour les employés de l'entreprise. Cela fait suite à l'achat en 2018 de PillPack pour moins d'un milliard de dollars, qui a également été inclus dans Amazon Care.

- Junglee est un ancien service d'achat en ligne fourni par Amazon qui permettait aux clients de rechercher des produits auprès de détaillants en ligne et hors ligne en Inde. Junglee a débuté comme une base de données virtuelle utilisée pour extraire des informations de l'internet et les transmettre à des applications d'entreprise. Au fur et à mesure de son développement, Junglee a commencé à utiliser sa technologie de base de données pour créer un marché à guichet unique sur l'internet en rendant tous les articles de tous les fournisseurs disponibles à l'achat. Les acheteurs en ligne pouvaient localiser, comparer et négocier des millions de produits provenant de toute la galerie marchande de l'internet par le biais d'un seul guichet. Amazon a racheté Junglee en 1998 et le site Junglee.com a été lancé en Inde en février 2012 en tant que site de comparaison de prix. Il permet de comparer et de rechercher une grande variété de produits tels que des vêtements, des appareils électroniques, des jouets, des bijoux et des jeux vidéo, entre autres, parmi des milliers de vendeurs en ligne et hors ligne. Des millions de produits peuvent être parcourus, le client sélectionne un prix, puis il est dirigé vers un vendeur. En novembre 2017, Amazon a fermé Junglee.com et l'ancien domaine redirige actuellement vers Amazon India.

- Kuiper Systems, une filiale d'Amazon, a été créée pour déployer une constellation de satellites à large bande avec 3 236 satellites en orbite basse pour fournir une connectivité Internet par satellite.

- Lab126, qui développe des produits électroniques grand public intégrés tels que le Kindle, est devenue une filiale en 2004.

- Shelfari, un ancien site web de catalogage social pour les livres. Les utilisateurs de Shelfari construisaient des étagères virtuelles avec les titres qu'ils possédaient ou qu'ils avaient lus et ils pouvaient évaluer, critiquer, étiqueter et discuter de leurs livres. Les utilisateurs pouvaient également créer des groupes auxquels d'autres membres pouvaient se joindre, créer des discussions et parler de livres ou d'autres sujets. Des recommandations peuvent être envoyées à des amis sur le site pour leur suggérer des livres à lire. Amazon a racheté la société en août 2008. Shelfari a continué à fonctionner comme un réseau social indépendant au sein d'Amazon jusqu'en janvier 2016, date à laquelle Amazon a annoncé la fusion de Shelfari avec Goodreads et la fermeture de Shelfari.

- Souq, l'ancienne plus grande plateforme de commerce électronique du monde arabe. L'entreprise a été lancée en 2005 à Dubaï, aux Émirats arabes unis, et a desservi plusieurs régions du Moyen-Orient. Le 28 mars 2017, Amazon a acquis Souq.com pour 580 millions de dollars. L'entreprise a été rebaptisée Amazon et son infrastructure a été utilisée pour développer la plateforme en ligne d'Amazon au Moyen-Orient.

Amazon investit également dans les énergies renouvelables et prévoit d'étendre sa position sur le

marché canadien en investissant dans une nouvelle usine
en Alberta.

Opérations d'Amazon

Logistique

Amazon fait appel à de nombreux services de transport pour la livraison des colis. Les services de la marque Amazon sont les suivants :

- Amazon Air, une compagnie aérienne de fret pour le transport en vrac, la livraison du dernier kilomètre étant assurée soit par Amazon Flex, soit par Amazon Logistics, soit par le service postal américain.
- Amazon Flex, une application pour smartphone qui permet à des particuliers d'agir en tant qu'entrepreneurs indépendants, en livrant des colis à des clients à partir de véhicules personnels, sans uniforme. Les livraisons comprennent les livraisons Prime Now en une ou deux heures, les produits d'épicerie Amazon Fresh le jour même ou le lendemain, et les commandes standard d'Amazon.com, en plus des commandes des magasins locaux qui ont passé un contrat avec Amazon.

- Amazon Logistics, dans le cadre duquel Amazon passe des contrats avec de petites entreprises (qu'elle appelle "partenaires de services de livraison") pour effectuer des livraisons aux clients. Chaque entreprise dispose d'une flotte d'environ 20 à 40 camionnettes portant la marque Amazon, et les employés des sous-traitants portent l'uniforme d'Amazon. En décembre 2020, elle opérait aux États-Unis, au Canada, en Italie, en Allemagne, en Espagne et au Royaume-Uni.
- Amazon Prime Air est un service expérimental de livraison par drone.

Amazon emploie directement des personnes pour travailler dans ses entrepôts, ses centres de distribution en vrac, ses "Amazon Hub Locker+" et les stations de livraison où les chauffeurs récupèrent les colis. À partir de décembre 2020, elle n'embauchera plus de chauffeurs-livreurs en tant qu'employés.

Rakuten Intelligence a estimé qu'en 2020 aux États-Unis, la proportion des livraisons du dernier kilomètre était de 56 % par les services directement contractés par Amazon (principalement dans les zones urbaines), de 30 % par le service postal américain (principalement dans les zones rurales) et de 14 % par UPS. En avril 2021, Amazon a indiqué aux investisseurs qu'elle avait augmenté sa capacité de livraison interne de 50 % au cours des 12 derniers mois (qui comprenaient la première année de la pandémie de COVID-19 aux États-Unis).

Chaîne d'approvisionnement

Amazon a lancé son réseau de distribution en 1997 avec deux centres d'approvisionnement à Seattle et à New Castle, dans le Delaware. Amazon dispose de plusieurs types d'installations de distribution, à savoir des centres de transbordement, des centres d'exécution, des centres de tri, des postes de livraison, des hubs Prime now et des hubs Prime air. Il existe 75 centres d'exécution des commandes et 25 centres de tri, qui emploient plus de 125 000 personnes. Les employés sont chargés de cinq tâches fondamentales : déballer et inspecter les marchandises entrantes ; placer les marchandises en stock et enregistrer leur emplacement ; prélever les marchandises à partir de leur emplacement enregistré sur ordinateur pour constituer une expédition individuelle ; trier et emballer les commandes ; et expédier. Un ordinateur qui enregistre l'emplacement des marchandises et trace des itinéraires pour les préparateurs de commandes joue un rôle clé : les employés portent des ordinateurs de poche qui communiquent avec l'ordinateur central et contrôlent leur rythme de progression. Certains entrepôts sont partiellement automatisés grâce à des systèmes construits par Amazon Robotics.

En septembre 2006, Amazon a lancé un programme appelé FBA (Fulfillment By Amazon) qui lui permet de prendre en charge le stockage, l'emballage et la distribution de produits et de services pour les petits vendeurs.

- Andy Jassy, président-directeur général d'Amazon.com, Inc.

- Keith B. Alexander, PDG d'IronNet Cybersecurity, ancien directeur de la NSA
- Edith W. Cooper, cofondatrice de Medley et ancienne vice-présidente exécutive de Goldman Sachs
- Jamie Gorelick, associé, Wilmer Cutler Pickering Hale and Dorr
- Daniel P. Huttenlocher, doyen du Schwarzman College of Computing, Massachusetts Institute of Technology
- Judy McGrath, ancienne directrice générale de MTV Networks
- Indra Nooyi, ancien PDG de PepsiCo
- Jon Rubinstein, ancien président-directeur général de Palm, Inc.
- Patty Stonesifer, présidente-directrice générale de Martha's Table
- Wendell P. Weeks, président-directeur général de Corning Inc.

Finances

Amazon.com est avant tout un site de vente au détail avec un modèle de revenus basé sur les ventes ; Amazon

115

prélève un petit pourcentage du prix de vente de chaque article vendu sur son site web tout en permettant aux entreprises de faire de la publicité pour leurs produits en payant pour figurer dans la liste des produits vedettes. En 2018, Amazon.com occupe la huitième place du classement Fortune 500 des plus grandes entreprises américaines en fonction de leur chiffre d'affaires total.

Pour l'exercice 2021, Amazon a déclaré des bénéfices de 33,36 milliards de dollars américains, pour un chiffre d'affaires annuel de 469,82 milliards de dollars américains, soit une augmentation de 21,7 % par rapport au cycle fiscal précédent. Depuis 2007, les ventes sont passées de 14,835 milliards à 469,822 milliards, en raison de l'expansion continue de l'entreprise.

La capitalisation boursière d'Amazon a de nouveau dépassé les 1 000 milliards de dollars américains début février 2020 après l'annonce des résultats du quatrième trimestre 2019.

Culture d'entreprise

Au cours de son mandat, Jeff Bezos est devenu célèbre pour ses lettres annuelles aux actionnaires, qui ont acquis

116

une notoriété similaire à celle de Warren Buffett. Ces lettres annuelles offrent une "fenêtre inestimable" sur l'entreprise réputée "secrète" et révèlent les perspectives et les orientations stratégiques de Jeff Bezos. Un thème commun à ces lettres est le désir de Bezos d'instiller l'orientation client (selon ses termes, "l'obsession du client") à tous les niveaux d'Amazon, notamment en demandant à tous les cadres supérieurs de répondre aux demandes d'assistance des clients pendant une courte période dans les centres d'appel d'Amazon. Il a également lu de nombreux courriels adressés par des clients à son adresse électronique publique. L'un des mémos internes les plus connus de M. Bezos est le mandat qu'il a donné à "toutes les équipes" d'"exposer leurs données et leurs fonctionnalités" par le biais d'interfaces de service "conçues dès le départ pour être extériorisables". Ce processus, connu sous le nom d'architecture orientée services (SOA), a donné lieu à l'élaboration obligatoire de services qui seraient plus tard commercialisés dans le cadre d'AWS.

Le lobbying

117

Amazon fait du lobbying auprès du gouvernement fédéral des États-Unis et des gouvernements des États sur de multiples questions telles que l'application des taxes sur les ventes en ligne, la sécurité des transports, la protection de la vie privée et des données et la propriété intellectuelle. D'après les déclarations réglementaires, Amazon.com concentre ses activités de lobbying sur le Congrès des États-Unis, la Commission fédérale des communications et la Réserve fédérale. Amazon.com a dépensé environ 3,5 millions de dollars, 5 millions de dollars et 9,5 millions de dollars en lobbying, respectivement en 2013, 2014 et 2015. En 2019, elle a dépensé 16,8 millions de dollars et disposait d'une équipe de 104 lobbyistes.

Amazon.com était une entreprise membre de l'American Legislative Exchange Council (ALEC) jusqu'à ce qu'elle y renonce à la suite de protestations lors de l'assemblée générale des actionnaires du 24 mai 2012.

En 2014, Amazon a élargi ses pratiques de lobbying en se préparant à faire pression sur l'Administration fédérale de l'aviation pour qu'elle approuve son programme de livraison par drone, en engageant le cabinet de lobbying

Akin Gump Strauss Hauer & Feld en juin. Amazon et ses lobbyistes ont rencontré des responsables de l'administration fédérale de l'aviation et des commissions de l'aviation à Washington, D.C., afin d'expliquer ses projets de livraison de colis. En septembre 2020, un pas de plus a été franchi avec l'octroi d'un certificat critique par la FAA.

Critique d'Amazon

Amazon.com a fait l'objet de critiques provenant de multiples sources, et des questions ont été soulevées quant à l'éthique des pratiques et des politiques commerciales de l'entreprise. Amazon a fait l'objet de nombreuses allégations de comportement anticoncurrentiel ou monopolistique et de critiques concernant le traitement des travailleurs et des consommateurs. La disponibilité ou l'indisponibilité de produits et de services sur les plateformes d'Amazon a souvent suscité des inquiétudes, l'entreprise étant considérée comme un monopole en raison de sa taille.

Brevet en un clic

L'entreprise a été controversée pour son utilisation présumée des brevets comme entrave à la concurrence. Le "brevet 1-Click" en est peut-être l'exemple le plus connu. L'utilisation par Amazon du brevet 1-click contre le site web de son concurrent Barnes & Noble a conduit la Free Software Foundation à annoncer un boycott d'Amazon en décembre 1999. Le boycott a été interrompu en septembre 2002. Le 22 février 2000, la société s'est vu accorder un brevet couvrant un système de recommandation de clients basé sur Internet, ou ce qui est communément appelé un "programme d'affiliation". Tim O'Reilly et Charlie Jackson, leaders du secteur, se sont élevés contre ce brevet et O'Reilly a publié une lettre ouverte à Jeff Bezos, le PDG d'Amazon, protestant contre le brevet 1-click et le brevet du programme d'affiliation, et lui demandant d'"'éviter toute tentative visant à limiter le développement du commerce sur Internet". O'Reilly a recueilli 10 000 signatures avec cette pétition. Bezos a répondu par sa propre lettre ouverte. La manifestation s'est terminée par une visite de O'Reilly et de Bezos à Washington, D.C., pour faire pression en faveur d'une réforme des brevets. Le 25 février 2003, la société a obtenu un brevet intitulé "Method and system for conducting a discussion relating to an item on Internet discussion boards" (Méthode et système pour mener une discussion sur un sujet sur des forums de discussion Internet). Le 12 mai 2006, l'USPTO a ordonné le réexamen du brevet "1-Click", sur la base d'une requête déposée par l'acteur Peter Calveley, qui citait l'antériorité d'un brevet antérieur sur le commerce électronique et le système d'encaissement électronique Digicash.

121

Site canadien

Amazon dispose d'un site canadien en anglais et en français, mais jusqu'à un jugement rendu en mars 2010, les restrictions légales imposées par le Canada aux libraires étrangers l'empêchaient d'établir un siège social, des serveurs, des centres d'exécution ou des centres d'appel au Canada. Au lieu de cela, le site canadien d'Amazon part des États-Unis et Amazon a conclu un accord avec Postes Canada pour gérer la distribution au Canada et utiliser les installations d'expédition de la société d'État à Mississauga, dans l'Ontario. Le lancement d'Amazon.ca a suscité la controverse au Canada. En 2002, la Canadian Booksellers Association et Indigo Books and Music ont demandé à un tribunal de statuer sur le fait que le partenariat d'Amazon avec Postes Canada constituait une tentative de contournement de la législation canadienne, mais la procédure a été abandonnée en 2004.

En janvier 2017, des paillassons portant le drapeau indien ont été mis en vente sur le site web d'Amazon Canada. L'utilisation du drapeau indien de cette manière est considérée comme offensante pour la communauté indienne et en violation du code du drapeau de l'Inde. La ministre indienne des affaires extérieures, Sushma Swaraj, a menacé d'imposer un embargo sur les visas aux responsables d'Amazon si cette dernière ne présentait pas des excuses inconditionnelles et ne retirait pas tous les produits de ce type.

En janvier 2017, Amazon.ca a été contraint par le Bureau de la concurrence de payer une pénalité d'un million de dollars, plus 100 000 dollars de frais, des pratiques de prix excessifs pour ne pas avoir fourni une "vérité dans la publicité" selon Josephine Palumbo, la commissaire adjointe pour les pratiques commerciales trompeuses. Cette amende a été infligée parce que certains produits sur Amazon.ca étaient affichés avec un "prix catalogue" artificiellement élevé, ce qui donnait l'impression que le prix de vente inférieur était très attrayant, produisant ainsi un avantage concurrentiel déloyal par rapport à d'autres détaillants. Il s'agit d'une pratique fréquente chez certains détaillants et l'amende visait à "envoyer un message clair [au secteur] selon lequel les allégations d'économies non fondées ne seront pas tolérées". Le Bureau a également indiqué que l'entreprise avait apporté des modifications

123

afin de garantir que les prix habituels soient indiqués de manière plus précise.

BookSurge

En mars 2008, les représentants commerciaux de la division BookSurge d'Amazon ont commencé à contacter les éditeurs de titres imprimés à la demande (POD) pour les informer que, pour qu'Amazon continue à vendre leurs livres POD, ils devaient signer des accords avec la société BookSurge POD d'Amazon. Les éditeurs ont été informés qu'à terme, les seuls titres imprimés à la demande vendus par Amazon seraient ceux imprimés par leur propre société, BookSurge. Certains éditeurs ont estimé que cet ultimatum équivalait à un abus de monopole et se sont interrogés sur l'éthique de cette démarche et sur sa légalité au regard de la législation antitrust.

Vente directe

En 2008, Amazon UK a été critiqué pour avoir tenté d'empêcher les éditeurs de vendre directement à prix réduit sur leurs propres sites web. L'argument d'Amazon était qu'il devrait pouvoir payer les éditeurs sur la base des prix inférieurs proposés sur leurs sites web, plutôt que sur la base du prix de détail recommandé (PDS).

Toujours en 2008, Amazon UK s'est attiré les critiques de la communauté des éditeurs britanniques après son retrait de la vente de titres clés publiés par Hachette Livre UK. Ce retrait était peut-être destiné à faire pression sur Hachette pour qu'il accorde des niveaux de remise jugés déraisonnables par les professionnels. Jonathan Lloyd, directeur général de Curtis Brown, a déclaré que "les éditeurs, les auteurs et les agents soutiennent [Hachette] à 100 %. Il faut bien que quelqu'un trace une ligne dans le sable. Les éditeurs ont cédé 1 % par an aux détaillants, alors où cela s'arrête-t-il ? Il est honteux d'utiliser les auteurs comme monnaie d'échange".

En août 2013, Amazon a accepté de mettre fin à sa politique de parité des prix pour les vendeurs de la place de marché dans l'Union européenne, en réponse aux enquêtes de l'Office britannique du commerce équitable et de l'Office fédéral allemand des cartels. On ne sait pas encore si cette décision s'applique à la vente directe par les éditeurs.

125

Contrôle des prix

Après l'annonce de l'iPad d'Apple le 27 janvier 2010, Macmillan Publishers est entré en conflit avec Amazon au sujet des prix des publications électroniques. Macmillan a demandé à Amazon d'accepter une nouvelle grille tarifaire qu'elle avait élaborée avec Apple, en augmentant le prix des livres électroniques de 9,99 $ à 15 $. Amazon a réagi en retirant tous les livres de Macmillan, qu'ils soient électroniques ou physiques, de son site web (bien que les affiliés qui vendent les livres soient toujours répertoriés). Le 31 janvier 2010, Amazon a "capitulé" face à la demande de prix de Macmillan.

En 2014, Amazon et Hachette ont été impliqués dans un différend sur la tarification de l'agence. On parle de prix d'agence lorsque l'agent (comme Hachette) détermine le prix d'un livre ; normalement, c'est Amazon qui dicte le niveau de remise d'un livre. Des centaines d'écrivains, dont Stephen King et John Grisham, ont signé une pétition disant : "Nous encourageons Amazon, dans les termes les plus forts possibles, à cesser de nuire aux moyens de subsistance des auteurs sur lesquels elle a bâti son activité. Aucun d'entre nous, qu'il s'agisse des lecteurs ou des auteurs, n'a intérêt à ce que les livres soient pris en otage". L'auteur Ursula K. Le Guin a commenté la pratique d'Amazon consistant à rendre les livres Hachette plus difficiles à acheter sur son site, en déclarant : "Nous parlons de censure : rendre délibérément un livre difficile ou impossible à obtenir, faire "disparaître" un auteur". Bien que cette déclaration ait suscité l'indignation et l'incrédulité, les actions d'Amazon, telles que la suppression des remises, le report du délai de livraison et le refus des commandes de prépublication, ont effectivement rendu les livres physiques de Hachette plus difficiles à obtenir. L'effondrement des ventes de livres Hachette sur Amazon montre que la politique de l'entreprise a probablement réussi à dissuader les clients.

Le 11 août 2014, Amazon a supprimé l'option de précommande de *Captain America : Le soldat de l'hiver*, dans le but de contrôler les prix en ligne des films de Disney. Amazon avait déjà utilisé des tactiques similaires avec Warner Bros. et Hachette Book Group. Le conflit a été résolu à la fin de l'année 2014, sans qu'aucun des deux groupes n'ait eu à céder quoi que ce soit. Puis, en février 2017, Amazon a de nouveau commencé à bloquer les précommandes de films Disney, juste avant la sortie de *Moana* et de *Rogue One sur le* marché domestique.

Le cabinet d'avocats Hagens Berman a intenté une action en justice devant le tribunal de district de New York en janvier 2021, alléguant qu'Amazon s'est entendue avec les principaux éditeurs pour maintenir les prix des livres électroniques à un niveau artificiellement élevé. L'État du Connecticut a également annoncé qu'il enquêtait sur Amazon pour comportement anticoncurrentiel potentiel dans la vente de livres électroniques.

Retrait des produits des concurrents

Le 1er octobre 2015, Amazon a annoncé que les produits Apple TV et Google Chromecast étaient interdits à la vente sur Amazon par tous les marchands, qu'aucune nouvelle inscription n'était autorisée à compter d'aujourd'hui et que toutes les inscriptions existantes étaient supprimées à compter du 29 octobre 2015. Amazon a expliqué que cette mesure visait à éviter la "confusion des clients", car ces appareils ne sont pas compatibles avec l'écosystème Amazon Prime Video. Cette mesure a été critiquée, les commentateurs estimant qu'elle visait principalement à supprimer la vente de produits considérés comme concurrents des produits Amazon Fire TV, étant donné qu'Amazon lui-même avait délibérément refusé d'offrir des logiciels pour ses propres services de diffusion en continu sur ces appareils, et que cette mesure contredisait l'idée qu'Amazon était un détaillant en ligne généraliste.

En mai 2017, il a été rapporté qu'Apple et Amazon étaient proches d'un accord pour offrir Prime Video sur l'Apple TV, et permettre le retour du produit chez le détaillant. Prime Video a été lancé sur l'Apple TV le 6 décembre 2017, et Amazon a recommencé à vendre le produit Apple TV peu de temps après.

Amazon est connu pour retirer des produits en raison de violations mineures de sa politique par des vendeurs tiers qui sont en concurrence avec ses propres marques. Pour rivaliser avec le placement de produits où les marques d'Amazon figurent en bonne place, les vendeurs tiers doivent souvent recourir à des dépenses publicitaires et s'inscrire au programme *Prime* d'Amazon, très coûteux, pour lequel ils doivent payer un supplément pour l'exécution des commandes et les retours, ce qui entraîne

129

une augmentation des coûts et une réduction des marges bénéficiaires.

Amazon a depuis supprimé d'autres produits Google, notamment Google Home (qui est en concurrence avec Amazon Echo), les téléphones Pixel et les produits récents de Nest Labs, filiale de Google (bien que le thermostat d'apprentissage Nest ait un support d'intégration pour la plateforme d'assistant vocal d'Amazon, Alexa). En représailles, Google a annoncé le 6 décembre 2017 qu'il bloquerait YouTube sur les produits Amazon Echo Show et Amazon Fire TV. En décembre 2017, Amazon a déclaré qu'elle avait l'intention de recommencer à proposer Chromecast (ce qu'elle ferait un an plus tard). Pendant ce temps, Nest a déclaré qu'elle n'offrirait plus aucune de ses futures actions à Amazon jusqu'à ce qu'elle s'engage à offrir l'ensemble de sa gamme de produits.

En avril 2019, Amazon a annoncé qu'il ajouterait la prise en charge de Chromecast à l'application mobile Prime Video et qu'il diffuserait plus largement son application Android TV, tandis que Google a annoncé qu'il rétablirait, en contrepartie, l'accès à YouTube sur Fire TV (mais pas sur Echo Show). Prime Video pour Chromecast et

YouTube pour Fire TV sont tous deux sortis le 9 juillet 2019.

En décembre 2019, suite à l'acquisition par PayPal de Honey - une extension de navigateur qui applique automatiquement des coupons en ligne sur les boutiques en ligne - le site web d'Amazon a commencé à afficher des avertissements conseillant aux utilisateurs de désinstaller le logiciel, affirmant qu'il présentait un risque pour la sécurité.

Partenariat avec Apple

En novembre 2018, Amazon a conclu un accord avec Apple Inc. pour vendre certains produits sur le service, par l'intermédiaire de l'entreprise, de revendeurs agréés Apple sélectionnés et de vendeurs répondant à des critères spécifiques. À la suite de ce partenariat, seuls les revendeurs agréés Apple et les vendeurs qui achètent à Apple 2,5 millions de dollars de stock remis à neuf tous les 90 jours (via le programme Amazon Renewed) peuvent vendre des produits Apple sur le service. Ce partenariat a fait l'objet de critiques de la part de revendeurs indépendants, qui estiment que cet accord a restreint leur

131

capacité à vendre à bas prix des produits Apple reconditionnés sur Amazon. En août 2019, *The Verge* a rapporté qu'Amazon faisait l'objet d'une enquête de la FTC à propos de cet accord.

Participant au marché et propriétaire

Amazon a suscité des inquiétudes en étant à la fois propriétaire d'une place de marché dominante et vendeur au détail sur cette place de marché. Amazon utilise les données qu'elle obtient de l'ensemble de la place de marché (données auxquelles n'ont pas accès les autres détaillants de la place de marché) pour déterminer les produits qu'il serait avantageux de produire en interne, et à quel prix. L'entreprise commercialise des produits sous les marques AmazonBasics, Lark & Ro et diverses autres marques privées. Elizabeth Warren, candidate à l'élection présidentielle américaine, a proposé de forcer Amazon à vendre AmazonBasics et Whole Foods Market, où Amazon est en concurrence avec d'autres acteurs de la place de marché en tant que détaillant physique.

Tim O'Reilly, comparant les activités d'Ingram à celles d'Amazon, a fait remarquer que l'accent exclusif mis par

Amazon sur le client affaiblit le reste de l'écosystème du commerce de détail, y compris les vendeurs, les fabricants et même ses propres employés, alors qu'Ingram cherche à innover et à construire au nom de toutes les parties prenantes du marché dans lequel elle opère. M. O'Reilly ajoute que le comportement d'Amazon, qui paralyse l'écosystème, est motivé par son besoin insatiable de croissance à tout prix.

Les vendeurs tiers accusent depuis longtemps Amazon de pratiquer une politique de rente en augmentant régulièrement le coût des activités sur sa plateforme, en abusant de sa position dominante sur le marché pour manipuler les prix, en copiant des produits populaires de détaillants tiers et en promouvant ses propres marques de manière injustifiée.

En octobre 2021, sur la base de plusieurs documents internes ayant fait l'objet d'une fuite, Reuters a rapporté qu'Amazon récoltait et étudiait systématiquement les données relatives aux performances commerciales des produits de ses vendeurs, et utilisait ces données pour identifier les marchés lucratifs et finalement lancer les produits de remplacement d'Amazon en Inde. Les données comprenaient des informations sur les retours, la taille des vêtements jusqu'à la circonférence du cou et la longueur des manches, ainsi que le nombre de consultations des produits sur leur site web. Les vendeurs d'Amazon n'ont pas accès aux données sur les performances des concurrents sur le marché. La stratégie a également consisté à modifier les résultats de recherche pour favoriser les produits de marque privée d'Amazon. L'impact de la stratégie Solimo s'est fait sentir bien au-delà de l'Inde : des centaines d'articles ménagers de la marque Solimo, des multivitamines aux dosettes de café, sont disponibles aux États-Unis. L'une des victimes de la stratégie Solimo est la marque de vêtements John Miller, détenue par le "roi de la vente au détail" indien Kishore Biyani.

En octobre 2022, une action collective de 900 millions de livres sterling a été intentée au Royaume-Uni contre Amazon, en raison d'une fonction "Buy Box" sur son site web qui "favorise les produits vendus par Amazon lui-même, ou par des détaillants qui paient Amazon pour la gestion de leur logistique".

Plaintes antitrust

134

La Commission européenne a ouvert une enquête en juin 2015 concernant les clauses des accords de distribution de livres électroniques d'Amazon qui étaient susceptibles d'enfreindre les règles de l'UE en matière d'ententes et d'abus de position dominante en rendant la concurrence plus difficile pour les autres plateformes de livres électroniques. Cette enquête s'est achevée en mai 2017 lorsque la Commission a adopté une décision rendant contraignants les engagements d'Amazon de ne pas utiliser ou appliquer ces clauses.

En juillet 2019 et en novembre 2020, la Commission européenne a ouvert deux enquêtes approfondies sur l'utilisation par Amazon des données des vendeurs de la place de marché ainsi que sur un éventuel traitement préférentiel de ses propres offres de vente au détail et de celles des vendeurs de la place de marché qui utilisent les services de logistique et de livraison d'Amazon. Elle a accusé Amazon de s'appuyer systématiquement sur les données non publiques qu'elle recueille auprès de vendeurs tiers pour leur faire une concurrence déloyale, au profit de sa propre activité de vente au détail, violant ainsi le droit de la concurrence dans l'Espace économique européen. Le 11 juin 2020, l'Union européenne a annoncé qu'elle porterait plainte contre Amazon pour le traitement qu'elle réserve aux vendeurs tiers du commerce électronique. L'État de Californie a ouvert une enquête à peu près au même moment.

En décembre 2019, la Commission de la concurrence de l'Inde a suspendu l'approbation du rachat stratégique de Future Retail et a imposé une pénalité de 200 crores de roupies. L'autorité de régulation a découvert grâce à des courriels internes d'Amazon qu'elle avait l'intention d'acquérir la société afin de pouvoir profiter des assouplissements en matière d'investissements étrangers et non en raison de ses intérêts dans la société. Amazon a fait appel de cette décision devant le tribunal des sociétés. Plus tard, en mars 2022, la CCI a défendu sa décision devant le tribunal en invoquant des déclarations erronées de la part d'Amazon.

En juillet 2020, Amazon ainsi que d'autres géants de la technologie (Apple, Google et Meta) ont été accusés de maintenir un pouvoir nuisible et des stratégies anticoncurrentielles pour étouffer les concurrents potentiels sur le marché. Les PDG des entreprises concernées ont participé à une téléconférence le 29 juillet

2020 devant les législateurs de la sous-commission antitrust de la Chambre des représentants des États-Unis. En octobre 2020, la sous-commission antitrust de la Chambre des représentants des États-Unis a publié un rapport accusant Amazon d'abuser de sa position de monopole dans le commerce électronique pour faire une concurrence déloyale aux vendeurs sur sa plateforme. Dans une lettre adressée en mars 2022 aux dirigeants bipartisans de la commission judiciaire du Sénat, le ministère de la justice de Joe Biden a soutenu une législation interdisant aux grandes plateformes numériques telles qu'Amazon de désavantager les produits et services de leurs concurrents par rapport aux leurs. "Le ministère de la justice considère que la montée en puissance des plateformes dominantes constitue une menace pour l'ouverture des marchés et la concurrence, avec des risques pour les consommateurs, les entreprises, l'innovation, la résilience, la compétitivité mondiale et notre démocratie", peut-on lire dans cette lettre.

Le procureur général de Californie a porté plainte contre Amazon en septembre 2022, à la suite de l'enquête ouverte en 2020, alléguant que ses contrats avec des vendeurs tiers et des grossistes gonflent les prix et

étouffent la concurrence. Plus précisément, les marchands
sont contraints de conclure des contrats qui les empêchent
de proposer leurs produits ailleurs, sur d'autres sites web,
à des prix plus bas.

Traitement des travailleurs

Amazon a fait l'objet de plusieurs critiques concernant la
qualité de ses environnements de travail et le traitement
de sa main-d'œuvre. Un groupe connu sous le nom de The
FACE (Former And Current Employees) of Amazon a
régulièrement utilisé les médias sociaux pour diffuser des
critiques à l'encontre de l'entreprise et des allégations
concernant des conditions de travail négatives.

Mauvaise gestion des employés

Amazon a été accusée d'avoir licencié par erreur des
personnes en congé médical parce qu'elles ne s'étaient
pas présentées, de ne pas avoir corrigé des inexactitudes
dans ses systèmes de paie, ce qui a eu pour conséquence
qu'une partie de ses employés, ouvriers et employés, ont
été sous-payés pendant des mois, et d'avoir violé le droit

138

du travail en refusant délibérément des congés non rémunérés.

Opposition aux syndicats

Amazon s'est opposé aux efforts de syndicalisation des syndicats aux États-Unis et au Royaume-Uni. En 2001, 850 employés de Seattle ont été licenciés par Amazon à la suite d'une campagne de syndicalisation. La Washington Alliance of Technological Workers (WashTech) a accusé l'entreprise de violer les lois sur les syndicats et a affirmé que les dirigeants d'Amazon les avaient soumis à des manœuvres d'intimidation et à une forte propagande. Amazon a nié tout lien entre la campagne de syndicalisation et les licenciements. Toujours en 2001, Amazon.co.uk a engagé une organisation américaine de conseil en gestion, The Burke Group, pour l'aider à faire échouer une campagne du syndicat Graphical, Paper and Media Union (GPMU, qui fait maintenant partie de Unite the Union) visant à obtenir la reconnaissance du dépôt de distribution de Milton Keynes. Il a été allégué que l'entreprise avait victimisé ou licencié quatre membres du syndicat au cours de la campagne de reconnaissance de

2001 et qu'elle avait organisé une série de réunions captives avec les employés.

Une vidéo de formation d'Amazon qui a fait l'objet d'une fuite en 2018 indiquait "Nous ne sommes pas antisyndicaux, mais nous ne sommes pas neutres non plus. Nous ne pensons pas que les syndicats soient dans le meilleur intérêt de nos clients ou de nos actionnaires ou, plus important encore, de nos associés." La vidéo encourageait également à signaler les "signes avant-coureurs" d'une organisation potentielle de travailleurs, qui comprenaient des travailleurs utilisant des mots tels que "salaire décent", des employés "traînant soudainement ensemble" ainsi que des travailleurs montrant "un intérêt inhabituel pour les politiques, les avantages, les listes d'employés ou d'autres informations sur l'entreprise". Début 2020, des documents internes d'Amazon ont fait l'objet d'une fuite, indiquant que Whole Foods utilisait une carte thermique pour repérer, parmi ses 510 magasins, ceux qui présentaient les niveaux les plus élevés de sentiment pro-syndical. Des facteurs tels que la diversité raciale, la proximité d'autres syndicats, les niveaux de pauvreté dans la communauté environnante et les appels au National Labor Relations Board ont été cités comme contribuant au "risque de syndicalisation". Les données recueillies dans la carte thermique suggèrent que les magasins présentant une faible diversité raciale et ethnique, en particulier ceux situés dans des communautés pauvres, sont plus susceptibles de se syndiquer. Amazon a également publié une offre d'emploi pour un analyste du renseignement, dont le rôle serait d'identifier et de s'attaquer aux menaces qui pèsent sur Amazon, notamment les syndicats et le travail organisé.

Le 4 décembre 2020, le National Labor Relations Board (NLRB) a estimé qu'Amazon avait illégalement licencié deux employés en représailles à leurs efforts de syndicalisation. En avril 2021, après qu'une majorité de travailleurs de Bessemer, en Alabama, ont voté contre l'adhésion au syndicat des détaillants, grossistes et grands magasins, le syndicat a demandé une audience au NLRB afin de déterminer si l'entreprise avait créé "une atmosphère de confusion, de coercition et/ou de peur des représailles" avant le vote syndical. Selon Jennifer Bates, employée d'Amazon, le vote a été accueilli par des pancartes "anti-syndicales" et des "réunions de formation syndicale" obligatoires. Pendant le vote, le président Joe Biden a prononcé un discours reconnaissant les

141

travailleurs qui s'organisaient en Alabama et a appelé à "éviter toute propagande antisyndicale". Ce discours a été suivi d'une augmentation de l'activité du personnel chargé des relations publiques sur Twitter, apparemment sous la direction personnelle de Jeff Bezos. Le ton utilisé dans certains messages a conduit un ingénieur d'Amazon à soupçonner que les comptes avaient été piratés. Certaines des critiques formulées à l'encontre des syndicats provenaient de comptes génériques récemment créés plutôt que de personnalités connues d'Amazon. Un compte, qui a été rapidement banni, avait tenté d'utiliser l'image de la star de YouTube Tyler Toney de Dude Perfect. En avril 2021, *The Intercept a* fait état d'un projet d'application de messagerie interne d'Amazon qui interdirait des mots tels que "syndicat", "salaire décent", "liberté", "augmentation de salaire" ou "toilettes".

En avril 2022, les travailleurs d'Amazon à Staten Island ont voté pour former l'Amazon Labor Union, le premier syndicat légalement reconnu de l'entreprise. En août 2022, les travailleurs d'un site d'Albany, dans l'État de New York, ont déposé une demande d'élection dans le but de devenir le quatrième entrepôt syndiqué de l'époque.

142

Salaires Amazon

Tout au long de l'été 2018, le sénateur du Vermont Bernie Sanders a critiqué les salaires et les conditions de travail d'Amazon dans une série de vidéos YouTube et d'apparitions dans les médias. Il a également souligné le fait qu'Amazon n'avait payé aucun impôt fédéral sur le revenu l'année précédente. M. Sanders a sollicité des témoignages de travailleurs des entrepôts d'Amazon qui se sentaient exploités par l'entreprise. L'un de ces articles, rédigé par James Bloodworth, décrit l'environnement comme s'apparentant à une "prison de basse sécurité" et affirme que la culture de l'entreprise utilise un jargon orwellien. Ces articles citaient une étude de New Food Economy selon laquelle un tiers des travailleurs des centres d'exécution en Arizona bénéficiaient du programme d'aide nutritionnelle supplémentaire (SNAP). Amazon a réagi en incitant ses employés à tweeter des histoires positives et en publiant une déclaration qualifiant d'"inexacts et trompeurs" les chiffres de salaire utilisés par Sanders. Le communiqué accusait également M. Sanders de ne pas avoir fait référence au SNAP en l'appelant "bons d'alimentation". Le 5 septembre 2018, Sanders a présenté avec Ro Khanna la loi Stop Bad Employers by Zeroing Out

Subsidies (Stop BEZOS) visant Amazon et d'autres bénéficiaires présumés de l'aide sociale aux entreprises tels que Walmart, McDonald's et Uber. Parmi les partisans du projet de loi figuraient Tucker Carlson de Fox News et Matt Taibbi, qui s'est critiqué lui-même et d'autres journalistes pour ne pas avoir couvert plus tôt la contribution d'Amazon à l'inégalité des richesses.

Le 2 octobre 2018, Amazon a annoncé que son salaire minimum pour tous les employés américains serait porté à 15 dollars de l'heure. Sanders a félicité l'entreprise pour avoir pris cette décision.

En 2023, les travailleurs du centre de distribution d'Amazon au Royaume-Uni ont également été touchés par des grèves. Plus de 350 travailleurs de l'entrepôt de l'entreprise à Coventry ont quitté leur travail pour se mettre en grève contre Amazon. L'objectif principal de la grève est de réclamer une augmentation des salaires de 10,50 £ à 15 £ de l'heure. Amazon a riposté en proposant une augmentation de 50 pence par heure, qui a été rejetée par le GMB. La grève pourrait également s'étendre au centre de distribution d'Amazon dans l'Essex.

Conditions de travail

D'anciens employés, des employés actuels, des médias et des politiciens ont critiqué Amazon pour les mauvaises conditions de travail au sein de l'entreprise. En 2011, il a été rendu public que les travailleurs devaient effectuer des tâches sous une chaleur de 38 °C dans l'entrepôt de Breinigsville, en Pennsylvanie. Dans ces conditions, les employés étaient extrêmement mal à l'aise et souffraient de déshydratation et d'effondrement. Les portes des baies de chargement n'étaient pas ouvertes pour laisser entrer l'air frais en raison des craintes de vol. La première réaction d'Amazon a été de payer une ambulance qui restait à l'extérieur pour évacuer les employés en surchauffe. L'entreprise a ensuite installé un système de climatisation dans l'entrepôt.

Certains travailleurs, les "préparateurs de commandes", qui parcourent le bâtiment avec un chariot et un scanner portatif pour "préparer" les commandes des clients, peuvent parcourir jusqu'à 15 miles (24 km) au cours de leur journée de travail et s'ils prennent du retard par rapport à leurs objectifs, ils peuvent être réprimandés. Les scanners portatifs donnent à l'employé des informations en temps réel sur la rapidité ou la lenteur de son travail ; ils permettent également aux chefs d'équipe et aux responsables de secteur de suivre les emplacements spécifiques des employés et le temps d'inactivité qu'ils gagnent lorsqu'ils ne travaillent pas.

Dans un reportage de la télévision allemande diffusé en février 2013, les journalistes Diana Löbl et Peter Onneken ont mené une enquête secrète au centre de distribution d'Amazon dans la ville de Bad Hersfeld, dans l'État allemand de Hessen. Le rapport met en lumière le comportement de certains agents de sécurité, eux-mêmes employés par une société tierce, qui avaient apparemment des antécédents néonazis ou portaient délibérément des vêtements néonazis et qui intimidaient les travailleuses étrangères et temporaires dans les centres de distribution de l'entreprise. La société de sécurité tierce concernée a été retirée de la liste des contacts commerciaux d'Amazon peu de temps après ce rapport.

En mars 2015, *The Verge a annoncé* qu'Amazon allait supprimer les clauses de non-concurrence d'une durée de 18 mois de ses contrats de travail américains pour les travailleurs rémunérés à l'heure, après avoir été critiquée pour son comportement déraisonnable qui empêchait ces employés de trouver un autre emploi. Même les travailleurs temporaires à court terme doivent signer des contrats qui leur interdisent de travailler dans une entreprise où ils soutiendraient "directement ou indirectement" tout bien ou service concurrent de ceux qu'ils ont contribué à soutenir chez Amazon, pendant les 18 mois qui suivent leur départ d'Amazon, même s'ils sont licenciés ou mis au chômage.

En 2015, un article de première page du *New York Times* a présenté plusieurs anciens employés d'Amazon qui, ensemble, ont décrit une culture d'entreprise "meurtrière" dans laquelle les travailleurs souffrant de maladies ou d'autres crises personnelles étaient mis à l'écart ou évalués de manière injuste. M. Bezos a réagi en rédigeant un mémo du dimanche à l'intention des employés, dans lequel il contestait le compte rendu du *Times* concernant des "pratiques de gestion choquantes" qui, selon lui, ne seraient jamais tolérées au sein de l'entreprise.

Pour remonter le moral des employés, Amazon a annoncé le 2 novembre 2015 qu'elle allait prolonger de six semaines le congé payé pour les nouvelles mères et les

147

nouveaux pères. Ce changement inclut les parents biologiques et adoptifs et peut être appliqué en conjonction avec le congé de maternité et le congé médical existants pour les nouvelles mères.

À la mi-2018, des enquêtes menées par des journalistes et des médias tels que *The Guardian* ont fait état de mauvaises conditions de travail dans les centres d'exécution des commandes d'Amazon. Plus tard en 2018, un autre article a révélé les mauvaises conditions de travail des chauffeurs-livreurs d'Amazon. En réponse aux critiques selon lesquelles Amazon ne paie pas un salaire décent à ses travailleurs, Jeff Bezos a annoncé qu'à partir du 1er novembre 2018, tous les employés d'Amazon aux États-Unis et au Royaume-Uni gagneront un salaire minimum de 15 dollars de l'heure. Amazon fera également pression pour que le salaire minimum fédéral soit de 15 dollars de l'heure. Dans le même temps, Amazon a également supprimé les attributions d'actions et les primes pour les employés rémunérés à l'heure.

Un article du 11 septembre 2018 a exposé les mauvaises conditions de travail des livreurs d'Amazon, décrivant divers abus présumés, notamment des salaires manquants, l'absence de rémunération des heures supplémentaires, le favoritisme, l'intimidation et des contraintes de temps qui les obligeaient à conduire à des vitesses dangereuses et à sauter des repas et des pauses toilettes. Amazon utilise des caméras d'intelligence artificielle Netradyne dans certaines camionnettes de ses partenaires pour surveiller les incidents de sécurité et le comportement des chauffeurs, ce qui a suscité des critiques de la part de certains d'entre eux.

Lors du Black Friday 2018, les travailleurs des entrepôts d'Amazon dans plusieurs pays européens, dont l'Italie, l'Allemagne, l'Espagne et le Royaume-Uni, se sont mis en grève pour protester contre les conditions de travail inhumaines et les bas salaires.

The Daily Beast a rapporté en mars 2019 que les services d'urgence ont répondu à 189 appels provenant de 46 entrepôts d'Amazon dans 17 États entre les années 2013 et 2018, tous liés à des employés suicidaires. Les travailleurs ont attribué leurs dépressions mentales à l'isolement social imposé par l'employeur, à la surveillance agressive et aux conditions de travail précipitées et dangereuses de ces centres d'exécution. Un ancien employé a déclaré au *Daily Beast* : "C'est une colonie isolée de l'enfer où les gens font régulièrement une dépression."

Le 15 juillet 2019, au début des soldes Prime Day d'Amazon, les employés d'Amazon travaillant aux États-Unis et en Allemagne se sont mis en grève pour protester contre les salaires injustes et les mauvaises conditions de travail.

En août 2019, la BBC a publié un reportage sur les ambassadeurs d'Amazon sur Twitter. Leur soutien et leur défense constants d'Amazon et de ses pratiques ont conduit de nombreux utilisateurs de Twitter à soupçonner qu'il s'agissait en fait de bots, utilisés pour écarter les problèmes qui touchent les travailleurs d'Amazon. En mars 2021, une multitude de nouveaux comptes d'ambassadeurs prétendant être des employés ont défendu l'entreprise contre une campagne de syndicalisation, affirmant parfois à tort qu'il n'y avait aucun moyen de se soustraire aux cotisations syndicales. Amazon a confirmé qu'au moins un de ces comptes était faux, et Twitter en a fermé plusieurs pour violation de ses conditions d'utilisation.

150

En novembre 2019, NBC a rapporté que certains sites d'Amazon sous contrat, en violation de la politique de l'entreprise, permettaient aux personnes d'effectuer des livraisons en utilisant les badges et les mots de passe d'autres personnes afin de contourner les vérifications des antécédents des employés et d'éviter les pénalités financières ou les licenciements en raison de performances inférieures aux normes. Les quotas de performance d'Amazon ont été critiqués comme étant irréalistes et comme poussant les chauffeurs à rouler vite, à brûler les panneaux d'arrêt, à transporter des véhicules surchargés et à uriner dans des bouteilles en raison du manque de temps pour s'arrêter aux toilettes ; l'entreprise a généralement été en mesure d'éviter la responsabilité légale pour les accidents de véhicules qui en résultent en utilisant des entrepreneurs indépendants.

En mars 2020, lors de l'épidémie de coronavirus au cours de laquelle le gouvernement a demandé aux entreprises de limiter les contacts sociaux, le personnel d'Amazon au Royaume-Uni a été contraint de faire des heures supplémentaires pour répondre à la demande suscitée par la maladie. Un porte-parole du GMB a déclaré que l'entreprise avait fait passer "le profit avant la sécurité". Le

151

GMB continue de faire part de ses préoccupations concernant "les conditions exténuantes, les objectifs de productivité irréalistes, la surveillance, le faux travail indépendant et le refus de reconnaître les syndicats ou de s'engager avec eux, à moins d'y être contraint", appelant le gouvernement britannique et les organismes de réglementation de la sécurité à prendre des mesures pour résoudre ces problèmes.

Dans sa déclaration de 2020 à ses actionnaires américains, Amazon a déclaré que "nous respectons et soutenons les conventions fondamentales de l'Organisation internationale du travail (OIT), la Déclaration de l'OIT relative aux principes et droits fondamentaux au travail et la Déclaration universelle des droits de l'homme des Nations unies". L'application de ces principes mondiaux en matière de droits de l'homme est "une pratique de longue date chez Amazon, et le fait de les codifier démontre notre soutien aux droits de l'homme fondamentaux et à la dignité des travailleurs partout où nous opérons".

En juin 2020, des chauffeurs-livreurs sous-traitants basés au Canada ont lancé une action collective contre Amazon

152

Canada, affirmant que 200 millions de dollars de salaires impayés leur étaient dus parce qu'Amazon conservait un "contrôle effectif" sur leur travail et devait donc être légalement considéré comme leur employeur.

Le 27 novembre 2020, Amnesty International a déclaré que les travailleurs d'Amazon étaient confrontés à de graves problèmes de santé et de sécurité depuis le début de la pandémie de COVID-19. Lors du Vendredi noir, l'une des périodes les plus chargées pour Amazon, l'entreprise n'a pas veillé à ce que des dispositifs de sécurité essentiels soient mis en place en France, en Pologne, au Royaume-Uni et aux États-Unis. Les travailleurs ont risqué leur santé et leur vie pour s'assurer que des biens essentiels soient livrés aux portes des consommateurs, ce qui a permis à Amazon de réaliser des bénéfices records.

Le 6 janvier 2021, Amazon a déclaré qu'elle prévoyait de construire 20 000 logements abordables en dépensant 2 milliards de dollars dans les régions où se trouvent les principaux emplois.

Le 24 janvier 2021, Amazon a déclaré qu'elle prévoyait d'ouvrir une clinique pop-up en partenariat avec Virginia

153

Mason Franciscan Health à Seattle afin de vacciner 2 000 personnes contre le COVID-19 le premier jour.

En février 2021, Amazon a annoncé son intention d'installer des caméras dans ses véhicules de livraison. Bien que de nombreux chauffeurs aient été contrariés par cette décision, Amazon a précisé que les vidéos ne seraient envoyées que dans certaines circonstances.

Les chauffeurs ont affirmé qu'ils devaient parfois uriner et déféquer dans leurs camionnettes en raison de la pression exercée pour atteindre les quotas. Cette allégation a été démentie dans un tweet du compte officiel d'Amazon News : "Vous ne croyez pas vraiment à l'histoire de l'urine dans les bouteilles, n'est-ce pas ? Si c'était vrai, personne ne travaillerait pour nous". Des employés d'Amazon ont ensuite divulgué à *The Intercept* un courriel montrant que l'entreprise savait que ses chauffeurs agissaient de la sorte. L'e-mail disait : "Ce soir, un associé a découvert des excréments humains dans un sac Amazon qui avait été ramené à la station par un chauffeur. C'est la troisième fois au cours des deux derniers mois que des sacs sont retournés à la station avec des excréments à l'intérieur".

154

Amazon a reconnu publiquement le problème après l'avoir nié dans un premier temps.

Une analyse des données de l'OSHA réalisée en juin 2021 par le *Washington Post* a révélé que les emplois dans les entrepôts d'Amazon "peuvent être plus dangereux que dans des entrepôts comparables".

En juillet 2021, des travailleurs de l'entrepôt de New York ont déposé une plainte auprès de l'administration de la sécurité et de la santé au travail (Occupational Safety and Health Administration), décrivant des journées de travail pénibles de 12 heures, avec des températures internes étouffantes, au cours desquelles des travailleurs évanouis étaient transportés sur des brancards. La plainte se lit comme suit : "La température interne est trop élevée. Nous n'avons pas de ventilation, des ventilateurs poussiéreux et sales qui répandent des débris dans nos poumons et nos yeux, nous travaillons à un rythme effréné et nous nous évanouissons à cause de la chaleur, nous saignons du nez à cause de l'hypertension, nous avons des vertiges et des nausées". Ils ajoutent que de nombreux ventilateurs fournis par l'entreprise ne fonctionnent pas, que les fontaines manquent souvent d'eau et que les systèmes de refroidissement sont insuffisants. Les personnes qui ont déposé la plainte sont affiliées au groupe Amazon Labor Union, qui tente de syndiquer le site, ce contre quoi l'entreprise fait activement campagne. Des conditions similaires ont été signalées ailleurs, notamment à Kent, dans l'État de Washington, lors de la vague de chaleur de 2021.

Un rapport publié en 2021 par le National Employment Law Project révèle que les conditions de travail dans les centres d'approvisionnement d'Amazon dans le Minnesota sont dangereuses et insoutenables, avec un taux de blessures plus de deux fois supérieur à celui des entrepôts n'appartenant pas à Amazon pour les années 2018 à 2020.

En décembre 2021, après qu'une tornade a détruit un entrepôt d'Amazon dans l'Illinois, l'entreprise et ses politiques ont été critiquées sur plusieurs fronts : le fait de faire travailler les gens pendant l'imminence d'une tornade, l'interdiction des téléphones portables empêchant l'accès aux alertes d'urgence et l'apparente insensibilité du fondateur de l'entreprise, Jeff Bezos, à la catastrophe fatale, alors qu'il célébrait la dernière réalisation de sa société spatiale et ne reconnaissait que tardivement la perte de vies humaines.

En décembre 2022, l'OSHA a infligé à Amazon une amende de 29 008 dollars pour violation des règles d'enregistrement des blessures. En janvier 2023, l'agence a infligé à Amazon une amende de 60 269 dollars pour des conditions dangereuses dans trois entrepôts, notamment la chute de caisses et des exigences de levage non ergonomiques et épuisantes qui ont entraîné de graves blessures au bas du dos. Ces amendes sont très faibles par rapport aux bénéfices de l'entreprise, mais c'est le maximum autorisé pour une violation de la loi sur la santé et la sécurité au travail (Occupational Safety and Health Act) par une clause de responsabilité générale.

Grève des travailleurs en 2018

Les syndicats espagnols ont appelé 1 000 travailleurs d'Amazon à se mettre en grève à partir du 10 juillet et jusqu'à la fin de l'Amazon Prime Day, avec des appels à ce que la grève soit suivie dans le monde entier et que les clients fassent de même. Un représentant du syndicat Comisiones Obreras (CCOO) a déclaré que les plaintes portaient sur les baisses de salaire, les conditions de travail et les restrictions en matière de congés. Toutefois, d'autres pays européens ont également fait part de leurs griefs : la Pologne, l'Allemagne, l'Italie, l'Espagne, l'Angleterre et la France sont toutes représentées, comme le montre le tableau ci-dessous.

- Les travailleurs polonais affirment qu'une loi anti-grève les empêche de négocier un meilleur salaire.
- Les travailleurs allemands se battent depuis plus de deux ans pour obtenir une convention collective.
- Les travailleurs italiens ont mis en évidence les allégations selon lesquelles Amazon embauche régulièrement des travailleurs contractuels qui ne sont pas tenus de bénéficier d'avantages sociaux.
- Les dirigeants espagnols d'Amazon ont imposé unilatéralement des conditions de travail alors que les conventions collectives précédentes avaient expiré.
- Les dirigeants anglais et français d'Amazon ont imposé des mesures exigeantes en matière de temps et d'efficacité. Ainsi, les travailleurs sont censés traiter 300 articles par heure et uriner dans

des bouteilles, et des pénalités sont prévues pour les congés de maladie et les grossesses.

Loi Stop BEZOS

Le 5 septembre 2018, le sénateur Bernie Sanders (I-VT) et le représentant Ro Khanna (D-CA-17) ont présenté la loi Stop Bad Employers by Zeroing Out Subsidies (Stop BEZOS) visant Amazon et d'autres bénéficiaires présumés de l'aide sociale aux entreprises tels que Walmart, McDonald's et Uber. Cela fait suite à plusieurs apparitions dans les médias au cours desquelles Sanders a souligné la nécessité d'une législation visant à garantir que les travailleurs d'Amazon reçoivent un salaire décent. Ces rapports citaient une conclusion de New Food Economy selon laquelle un tiers des travailleurs des centres d'exécution en Arizona bénéficiaient du programme d'assistance nutritionnelle supplémentaire (SNAP). Bien qu'Amazon ait d'abord publié une déclaration qualifiant des statistiques de ce type d'"inexactes et trompeuses", une annonce faite le 2 octobre a affirmé que le salaire minimum pour tous les employés serait porté à 15 dollars de l'heure.

Discrimination raciale

En 2021, des employés actuels et anciens de l'entreprise, dont Chanin Kelly-Rae, ancienne responsable de la diversité, ont dénoncé publiquement une discrimination systémique présumée à l'encontre des femmes et des personnes de couleur au sein de l'entreprise. Toujours en 2021, plusieurs employés noirs ont intenté des procès pour discrimination contre l'entreprise.

En 2019, Nadia Odunayo, ingénieure informatique noire, a créé The StoryGraph, qui est depuis devenu le principal concurrent et rival de Goodreads, filiale d'Amazon. Contrairement à Goodreads, qui est une entreprise détenue et gérée en grande partie par des Blancs, The StoryGraph d'Odunayo est détenu et conçu par une femme de couleur et a remédié à de nombreux problèmes dont les utilisateurs se plaignaient avec Goodreads. Amazon et Goodreads n'ont jamais réagi publiquement à l'existence de The StoryGraph et ont largement laissé la plateforme tranquille.

Réponse à la pandémie de COVID-19

160

Pendant la pandémie de COVID-19, Amazon a introduit une prime de risque de 2 dollars de l'heure, des changements dans la rémunération des heures supplémentaires et une politique de congés illimités et non rémunérés jusqu'au 30 avril 2020. L'augmentation de la prime de risque a expiré en juin 2020 et la politique de congés payés en mai 2022. Amazon a également introduit des restrictions temporaires sur la vente de biens non essentiels et a embauché 100 000 personnes supplémentaires aux États-Unis et au Canada. Certains travailleurs d'Amazon aux États-Unis, en France et en Italie ont protesté contre la décision de l'entreprise de "gérer des équipes normales" malgré les nombreux cas positifs de COVID-19. En Espagne, l'entreprise a fait l'objet de plaintes en justice pour ses politiques. En mars 2020, un groupe de sénateurs américains a adressé une lettre ouverte à M. Bezos pour lui faire part de ses inquiétudes concernant la sécurité des travailleurs.

Une manifestation organisée le 30 mars 2020 dans un entrepôt d'Amazon à Staten Island a conduit au licenciement de son organisateur, Christian Smalls. Amazon a défendu sa décision en disant que Smalls était censé s'isoler à ce moment-là et que le fait de diriger la manifestation mettait ses autres travailleurs en danger. Christian Smalls a qualifié cette réponse de "ridicule". La procureure générale de l'État de New York, Letitia James, envisage des représailles juridiques contre ce licenciement qu'elle a qualifié d'"immoral et inhumain". Elle a également demandé au Conseil national des relations de travail d'enquêter sur le licenciement de M. Smalls. M. Smalls lui-même accuse l'entreprise d'avoir exercé des représailles contre lui pour avoir organisé une manifestation. À l'entrepôt de Staten Island, un cas de COVID-19 a été confirmé par Amazon ; les travailleurs pensent qu'il y en a d'autres et affirment que l'entreprise n'a pas nettoyé le bâtiment, ne leur a pas fourni de protection adéquate et ne les a pas informés des cas potentiels. Les travailleurs pensent qu'il y en a davantage et affirment que l'entreprise n'a pas nettoyé le bâtiment, ne leur a pas fourni de protection adéquate et ne les a pas informés de l'existence de cas potentiels. Derrick Palmer, un autre travailleur de l'usine de Staten Island, a déclaré à *The Verge* qu'Amazon communiquait rapidement par texto et par courriel lorsqu'il fallait que le personnel effectue des heures supplémentaires obligatoires, mais qu'elle n'utilisait pas ces moyens pour informer les gens lorsqu'un collègue avait contracté la maladie, au lieu d'attendre des jours et d'envoyer des responsables pour parler aux employés en personne. Amazon affirme que la manifestation de Staten Island n'a attiré que 15 des 5 000 travailleurs de l'usine, alors que d'autres sources décrivent des foules beaucoup plus importantes.

Le 14 avril 2020, deux employés d'Amazon ont été licenciés pour "violation répétée des politiques internes", après avoir fait circuler en interne une pétition sur les risques pour la santé des travailleurs des entrepôts.

Le 4 mai, Tim Bray, vice-président d'Amazon, a démissionné "consterné" par le licenciement d'employés qui avaient dénoncé l'absence de protections COVID-19, notamment la pénurie de masques de protection et l'absence de contrôles de température généralisés promis par l'entreprise. Il a déclaré que ces licenciements étaient des "conneries" et "visaient à créer un climat de peur" dans les entrepôts d'Amazon.

Dans son rapport financier du premier trimestre 2020, Jeff Bezos a annoncé qu'Amazon prévoyait de dépenser au moins 4 milliards de dollars (bénéfice d'exploitation prévu pour le deuxième trimestre) pour des questions liées au

COVID-19 : équipements de protection individuelle, augmentation des salaires des équipes horaires, nettoyage des installations et développement des capacités d'Amazon en matière de tests COVID-19. Ces mesures visent à améliorer la sécurité et le bien-être de centaines de milliers d'employés de l'entreprise.

Entre le début de l'année 2020 et septembre de la même année, l'entreprise a déclaré que le nombre total de travailleurs ayant contracté l'infection s'élevait à 19 816.

Fermeture en France

Les syndicats SUD ont intenté une action en justice contre Amazon pour conditions de travail dangereuses. Le 15 avril 2020, le tribunal de grande instance de Nanterre a rendu un jugement ordonnant à l'entreprise de limiter, sous peine d'une amende d'un million d'euros par jour, ses livraisons à certains articles essentiels, notamment les produits électroniques, alimentaires, médicaux ou hygiéniques, ainsi que les fournitures pour l'aménagement de la maison, les animaux et les bureaux. Au lieu de cela, Amazon a immédiatement fermé ses six entrepôts en France, en continuant à payer les travailleurs mais en limitant les livraisons aux articles expédiés par des vendeurs tiers et des entrepôts situés en dehors de la France. L'entreprise a déclaré que l'amende de 100 000 euros pour chaque article interdit expédié pourrait se traduire par des milliards de dollars d'amendes, même avec une petite fraction d'articles mal classés. Après avoir perdu son appel et conclu un accord avec les syndicats pour une augmentation des salaires et des horaires décalés, l'entreprise a rouvert ses entrepôts français le 19 mai.

Livres de Matt Walsh

Le commentateur politique conservateur Matt Walsh a publié plusieurs livres, dont certains ont été jugés transphobes, notamment un livre pour enfants intitulé *Johnny the Walrus* (un conte allégorique sur un garçon que ses parents transforment chirurgicalement en morse après l'avoir surpris en train de faire semblant d'en être un). Un certain nombre de ces livres sont devenus des best-sellers sur Amazon, agaçant et bouleversant de nombreux employés d'Amazon, qui ont affirmé avoir été traumatisés par les livres vendus sur Amazon. Amazon a organisé une session pour que les employés discutent de

165

leur traumatisme, tandis que d'autres employés ont organisé une manifestation "die-in", arguant que les opinions transphobes dans les médias contribuaient aux discours de haine, au suicide des jeunes transgenres et aux idées fausses sur les personnes transgenres. Matt Walsh, quant à lui, s'est amusé de la réaction des employés d'Amazon, notant que *Johnny the Walrus* avait été listé sur Amazon comme le livre "LGBT" le plus vendu (le livre a ensuite été déplacé dans une catégorie de genre politique), tandis que certains employés d'Amazon ont soutenu que les livres qui promeuvent la "transphobie" devraient être purement et simplement interdits sur les plateformes d'Amazon.

Dissidence d'un employé

En 2014, un ancien employé d'Amazon, Kivin Varghese, a entamé une grève de la faim pour faire changer les politiques injustes d'Amazon. En novembre 2016, un employé d'Amazon a sauté du toit du siège social de l'entreprise en raison de traitements injustes au travail.

En 2020, Tim Bray, vice-président d'AWS à l'époque, a démissionné pour protester contre le traitement réservé par Amazon à ses employés militants impliqués dans l'AECJ qui ont mené une agitation publique contre les conditions de travail insalubres dans les entrepôts d'Amazon pendant la pandémie de COVID-19.

En avril 2022, The Intercept a rapporté que l'application de messagerie interne prévue par Amazon interdirait des mots tels que "syndicat", "salaire décent", "liberté", "augmentation de salaire" ou "toilettes", qui pourraient potentiellement indiquer le mécontentement des travailleurs.

Travail forcé en Chine

Selon un rapport de l'Australian Strategic Policy Institute, un groupe de réflexion financé en partie par le ministère américain de la défense, Amazon est l'une des entreprises qui "bénéficient potentiellement, directement ou indirectement" du travail forcé des Ouïgours.

Prix différenciés

En septembre 2000, une discrimination par les prix potentiellement contraire à la loi Robinson-Patman a été constatée sur amazon.com. Amazon a proposé à un acheteur de lui vendre un DVD à un prix donné, mais après que l'acheteur a supprimé les cookies qui l'identifiaient comme un client régulier d'Amazon, il s'est vu proposer le même DVD à un prix nettement inférieur. Jeff Bezos s'est par la suite excusé pour cette différence de prix et a promis qu'Amazon "ne testera jamais les prix en fonction des caractéristiques démographiques des clients". L'entreprise a déclaré que la différence était le résultat d'un test de prix aléatoire et a proposé de rembourser les clients qui avaient payé le prix le plus élevé. Amazon avait également expérimenté des tests de prix aléatoires en 2000, lorsque des clients comparant les prix sur un site web de "chasseurs de bonnes affaires" avaient découvert qu'Amazon proposait de manière aléatoire le lecteur MP3 Diamond Rio à un prix nettement inférieur à son prix habituel.

Suppression du contenu de Kindle

En juillet 2009, *le New York Times a* rapporté qu'amazon.com avait supprimé toutes les copies de certains livres publiés par MobileReference en violation des lois américaines sur le droit d'auteur, y compris les livres *Nineteen Eighty-Four* et *Animal Farm*, des Kindles des utilisateurs. Cette mesure a été prise sans notification préalable ni autorisation spécifique des utilisateurs individuels. Les clients ont reçu un remboursement du prix d'achat et, plus tard, une offre de chèque-cadeau Amazon ou un chèque de 30 dollars. Les livres électroniques ont été initialement publiés par MobileReference sur Mobipocket pour être vendus en Australie uniquement, ces œuvres étant tombées dans le domaine public en Australie. Toutefois, lorsque les livres électroniques ont été automatiquement téléchargés sur Amazon par MobiPocket, la restriction territoriale n'a pas été respectée et le livre a été autorisé à être vendu dans des territoires tels que les États-Unis où la durée du droit d'auteur n'avait pas expiré.

L'auteure Selena Kitt a été victime d'un retrait de contenu de la part d'Amazon en décembre 2010 ; certains de ses romans décrivaient l'inceste. Amazon a déclaré : "En raison d'un problème technique, pendant une courte période, trois livres ont été temporairement indisponibles pour être téléchargés par les clients qui les avaient achetés auparavant. Lorsque ce problème a été porté à notre attention, nous l'avons résolu..." pour tenter de désamorcer les plaintes des utilisateurs concernant les suppressions.

Fin 2013, le blog en ligne The Kernel a publié plusieurs articles révélant "une épidémie de saletés" sur Amazon et d'autres sites de vente de livres électroniques. Amazon a réagi en bloquant les livres traitant de l'inceste, de la bestialité, de la pédopornographie ainsi que de sujets tels que la virginité, les monstres et la clandestinité.

Vente de matériel de Wikipédia sous forme de livres

La presse et la blogosphère germanophones ont critiqué Amazon pour avoir vendu des dizaines de milliers de livres imprimés à la demande reproduisant des articles de Wikipédia. Ces livres sont produits par une société américaine Books LLC et par trois filiales mauriciennes de l'éditeur allemand VDM : Alphascript Publishing, Betascript Publishing et Fastbook Publishing. Amazon n'a pas reconnu ce problème soulevé sur des blogs et certains clients ont demandé à l'entreprise de retirer tous ces titres de son catalogue. La collaboration entre amazon.com et VDM Publishing a débuté en 2007.

Substitution de produits

L'organisation britannique de défense des consommateurs *Which ?* a publié des informations sur Amazon Marketplace au Royaume-Uni qui indiquent que lorsque de petits produits électriques sont vendus sur Marketplace, le produit livré peut ne pas être identique au produit annoncé. Un test d'achat est décrit dans lequel onze commandes ont été passées auprès de différents fournisseurs par l'intermédiaire d'une seule annonce. Un seul des fournisseurs a livré le produit réellement affiché, deux autres ont livré des produits différents mais fonctionnellement équivalents et huit fournisseurs ont livré des produits très différents et incapables d'assurer en toute sécurité la fonction annoncée. L'article du *Which ?* décrit également comment les commentaires des clients sur le produit sont en fait un mélange de commentaires sur

171

tous les différents produits livrés, sans qu'il soit possible d'identifier quel produit provient de quel fournisseur. Cette question a été soulevée lors d'une audition devant le Parlement britannique dans le cadre d'un nouveau projet de loi sur les droits des consommateurs.

Articles ajoutés aux listes de naissance

En 2018, il a été rapporté qu'Amazon a vendu des publicités sponsorisées prétendant être des articles d'une liste de naissance. Les publicités ressemblaient beaucoup aux articles réels de la liste.

Vendeurs tiers

Une enquête menée en 2019 par le *Wall Street Journal* (WSJ) a révélé que des détaillants tiers vendaient plus de 4 000 produits dangereux, interdits ou étiquetés de manière trompeuse sur Amazon.com. Selon l'article du WSJ, lorsque des clients ont poursuivi Amazon pour des produits dangereux vendus par des vendeurs tiers sur Amazon.com, la défense juridique d'Amazon a été de dire qu'elle n'était pas le vendeur et qu'elle ne pouvait donc pas être tenue pour responsable. *Wirecutter* a rapporté en

2020 que pendant plusieurs mois, ils "ont pu acheter des articles par l'intermédiaire d'Amazon Prime qui étaient soit des contrefaçons confirmées, des sosies dangereux pour l'utilisation, ou autrement mal présentés". CNBC a rapporté en 2019 que les vendeurs tiers d'Amazon vendent régulièrement des produits alimentaires périmés et que la taille même de la place de marché Amazon a rendu le contrôle de la plateforme exceptionnellement difficile pour l'entreprise.

En 2020, les vendeurs tiers représentaient 54 % des unités payantes vendues sur les plateformes Amazon. En 2019, Amazon a gagné 54 milliards de dollars grâce aux frais que les détaillants tiers lui versent pour les services aux vendeurs.

Fin de l'hébergement du serveur de WikiLeaks

Le 1er décembre 2010, Amazon a cessé d'héberger le site web associé à l'organisation de dénonciation WikiLeaks. Amazon n'a pas indiqué dans un premier temps si elle avait forcé le site à partir. *Le New York Times* a rapporté : "Le sénateur Joseph I. Lieberman, un indépendant du Connecticut, a déclaré qu'Amazon avait cessé d'héberger le site WikiLeaks mercredi après avoir été contacté par le personnel de la commission de la sécurité intérieure et des affaires gouvernementales.

Dans un communiqué de presse publié ultérieurement, Amazon a nié avoir mis fin aux activités de Wikileaks.org en raison d'une "enquête gouvernementale" ou d'"attaques DDOS massives". Ils ont affirmé qu'il s'agissait d'une "violation des conditions d'utilisation [d'Amazon]" parce que Wikileaks.org "sécurisait et stockait de grandes quantités de données qui ne lui appartenaient pas légitimement, et publiait ces données sans s'assurer qu'elles ne porteraient pas préjudice à d'autres personnes".

Selon le fondateur de WikiLeaks, Julian Assange, cela démontre qu'Amazon (une société basée aux États-Unis) se trouve dans une juridiction qui "souffre d'un déficit de liberté d'expression".

L'action d'Amazon a donné lieu à une lettre publique de Daniel Ellsberg, qui a divulgué les Pentagon Papers pendant la guerre du Viêt Nam. Ellsberg s'est déclaré "dégoûté par la lâcheté et la servilité d'Amazon", la comparant au "contrôle de l'information par la Chine et à la dissuasion de la dénonciation", et il a appelé à un boycott "large" et "immédiat" d'Amazon.

Vie privée des utilisateurs

Le lancement de l'Amazon Echo a suscité des inquiétudes quant à la divulgation par Amazon des données de ses clients à la demande des autorités gouvernementales. Selon Amazon, les enregistrements vocaux des interactions des clients avec l'assistant sont stockés avec la possibilité de les divulguer ultérieurement en cas de mandat ou de citation à comparaître. La police a demandé ces données lors de l'enquête sur la mort, le 22 novembre 2015, de Victor Collins au domicile de James Andrew Bates à Bentonville, dans l'Arkansas. Amazon a d'abord refusé d'accéder à cette demande, mais Bates y a consenti par la suite.

Bien qu'Amazon se soit publiquement opposée à la surveillance secrète des gouvernements, elle a, comme le révèlent les demandes formulées au titre de la loi sur la liberté de l'information, fourni un soutien en matière de reconnaissance faciale aux forces de l'ordre sous la forme

175

de la technologie Rekognition et de services de conseil. Les premiers tests ont été effectués par la ville d'Orlando, en Floride, et le comté de Washington, dans l'Oregon. Amazon a proposé de mettre le comté de Washington en contact avec d'autres clients gouvernementaux d'Amazon intéressés par Rekognition et avec un fabricant de caméras corporelles. Une coalition de groupes de défense des droits civiques s'oppose à ces initiatives, craignant qu'elles n'entraînent une extension de la surveillance et qu'elles ne donnent lieu à des abus. Plus précisément, il pourrait automatiser l'identification et le suivi de toute personne, en particulier dans le contexte de l'intégration potentielle des caméras corporelles de la police. Face à ces réactions, la ville d'Orlando a déclaré publiquement qu'elle n'utiliserait plus cette technologie, mais qu'elle pourrait revenir sur cette décision ultérieurement.

Le 17 février 2020, un documentaire de *Panorama* diffusé par la BBC au Royaume-Uni a mis en lumière la quantité de données collectées par l'entreprise et le passage à la surveillance, suscitant l'inquiétude des responsables politiques et des régulateurs aux États-Unis et en Europe.

Le 16 juillet 2021, la Commission nationale
luxembourgeoise pour la protection des données a infligé
à Amazon Europe Core S.à.r.l. une amende record de 746
millions d'euros (888 millions de dollars) pour avoir traité
des données personnelles en violation du Règlement
général sur la protection des données (RGPD) de l'UE.
L'amende représente environ 4,2 % des 21,3 milliards de
dollars de revenus déclarés par Amazon pour 2020. Il
s'agit de l'amende la plus importante jamais imposée pour
une violation du GDPR. Amazon a annoncé qu'elle ferait
appel de cette décision.

Evasion fiscale

Les affaires fiscales d'Amazon ont fait l'objet d'enquêtes en Chine, en Allemagne, en Pologne, en Corée du Sud, en France, au Japon, en Irlande, à Singapour, au Luxembourg, en Italie, en Espagne, au Royaume-Uni, aux États-Unis et au Portugal. Un rapport publié par Fair Tax Mark en 2019 a désigné Amazon comme le "pire" délinquant en matière d'évasion fiscale, ayant payé un taux d'imposition effectif de 12 % entre 2010 et 2018, alors que le taux d'imposition des sociétés aux États-Unis était de 35 % au cours de la même période. Amazon a rétorqué qu'elle avait un taux d'imposition effectif de 24 % au cours de la même période.

Effets sur les petites entreprises

Grâce à sa taille et à ses économies d'échelle, Amazon est en mesure de proposer des prix plus élevés que les petits commerçants locaux. Stacy Mitchell et Olivia Lavecchia, chercheuses à l'Institute for Local Self-Reliance, affirment que cette situation a entraîné la fermeture de la plupart des petits commerçants locaux dans un certain nombre de villes aux États-Unis. En outre, un commerçant ne peut pas disposer d'un article dans son entrepôt pour le vendre avant Amazon s'il choisit de l'inscrire sur la liste. Bien souvent, des prélèvements frauduleux ont été effectués sur les canaux bancaires et financiers de l'entreprise sans autorisation, car Amazon s'enorgueillit de conserver en permanence toutes les données financières dans sa base de données. S'ils débitent votre compte, ils ne rembourseront pas l'argent sur le compte où ils l'ont prélevé, ils ne fourniront qu'un crédit Amazon. En outre, il n'y a pas d'assistance à la clientèle des commerçants, qui doit parfois être gérée en temps réel.

Marché de la poste américaine

Début 2018, le président Donald Trump a critiqué à plusieurs reprises l'utilisation par Amazon du service postal des États-Unis et ses prix pour la livraison des colis, déclarant : "J'ai raison sur le fait qu'Amazon coûte à la poste des États-Unis des sommes colossales pour être leur livreur", a tweeté M. Trump. "Amazon devrait payer ces coûts (en plus) et ne pas les faire supporter par le contribuable américain". Les actions d'Amazon ont chuté de 6 % à la suite des commentaires de M. Trump. Shepard Smith, de Fox News, a contesté les affirmations de M. Trump et a souligné que l'USPS offrait des prix inférieurs à ceux du marché à tous les clients, sans avantage pour Amazon. Cependant, l'analyste Tom Forte a souligné le fait que les paiements d'Amazon à l'USPS ne sont pas rendus publics et que leur contrat a la réputation d'être "un accord de faveur".

Guerre d'offres pour HQ2

L'annonce du projet d'Amazon de construire un deuxième siège social, baptisé HQ2, a suscité 238 propositions, dont 20 sont devenues des villes finalistes le 18 janvier 2018. En novembre 2018, Amazon a été critiqué pour avoir réduit la liste aux "deux villes les plus riches", à savoir Long Island City et Arlington, en Virginie, qui se trouvent respectivement dans la région métropolitaine de New York et la région métropolitaine de Washington. Les critiques, dont le professeur de commerce Scott Galloway, ont qualifié la guerre d'enchères d'"escroquerie" et ont déclaré qu'il s'agissait d'un prétexte pour obtenir des avantages fiscaux et des informations privilégiées pour l'entreprise.

La députée Alexandria Ocasio-Cortez s'est opposée aux subventions fiscales de 1,5 milliard de dollars qui avaient été accordées à Amazon dans le cadre de l'accord. Elle a déclaré que la restauration du réseau de métro serait une meilleure utilisation de l'argent, malgré les réfutations d'Andrew Cuomo et d'autres personnes qui ont affirmé que New York en bénéficierait sur le plan économique. Peu après, *Politico* a rapporté que 1 500 logements abordables avaient été prévus sur le terrain occupé par les nouveaux bureaux d'Amazon. La demande des dirigeants d'Amazon d'installer un héliport sur chaque site s'est avérée particulièrement controversée, plusieurs membres du conseil municipal de New York ayant qualifié la proposition de frivole.

Conflit d'intérêt entre la CIA et le Washington Post

En 2013, Amazon a obtenu un contrat de 600 millions de dollars avec la CIA, ce qui a été décrit comme un conflit d'intérêts potentiel impliquant le *Washington Post,* propriété de Bezos, et la couverture de la CIA par son journal. Ce contrat a été suivi d'une offre pour un contrat de 10 milliards de dollars avec le ministère de la défense.

Bien que les critiques aient d'abord considéré que la préférence du gouvernement pour Amazon était acquise, le contrat a finalement été signé avec Microsoft.

Censure ordonnée par le gouvernement

Amazon s'est déclaré "engagé en faveur de la diversité, de l'équité et de l'inclusion", mais on l'a vu se plier aux exigences de censure de plusieurs pays. En 2021, le site web chinois d'Amazon s'est conformé à un ordre du gouvernement chinois et a supprimé les commentaires et les évaluations des clients pour un livre écrit sur les discours et les écrits du secrétaire général du parti communiste chinois Xi Jinping. En outre, la section des commentaires a également été désactivée. En 2022, l'entreprise s'est pliée à la demande du gouvernement des Émirats arabes unis et a restreint les produits LGBTQ sur son site web émirati. Des documents ont révélé que, sous la menace de sanctions inconnues, Amazon a supprimé les recherches sur plus de 150 mots clés liés aux produits LGBTQ. En outre, un certain nombre de titres de livres ont également été bloqués, notamment *My Lesbian Experience With Loneliness* de Nagata Kabi, *Gender Queer : A Memoir* de Maia Kobabe et *Bad Feminist* de

Roxane Gay. Amazon a déclaré que ces restrictions avaient été imposées pour "se conformer aux lois et réglementations locales des pays dans lesquels nous opérons".

Contrat militaire israélien

Le projet Nimbus, un accord de 1,2 milliard de dollars dans lequel les entreprises technologiques Amazon et Google fourniront à Israël et à son armée des services d'intelligence artificielle, d'apprentissage automatique et d'autres services d'informatique en nuage, y compris la construction de sites d'informatique en nuage locaux qui "conserveront les informations à l'intérieur des frontières d'Israël dans le cadre de directives de sécurité strictes". Le contrat a suscité la réprobation et la condamnation des actionnaires des entreprises ainsi que de leurs employés, car ils craignent que le projet n'entraîne des violations des droits de l'homme des Palestiniens dans le contexte du conflit israélo-palestinien en cours. Plus précisément, ils s'inquiètent de la façon dont la technologie permettra de surveiller davantage les Palestiniens et de collecter illégalement des données à leur sujet, tout en facilitant l'expansion des colonies israéliennes illégales.

183

Données sur les soins de santé non patients du NHS

Le gouvernement britannique a attribué à Amazon un contrat qui lui permet d'accéder aux informations sur les soins de santé publiées par le Service national de santé du Royaume-Uni. Ces informations seront, par exemple, utilisées par Alexa d'Amazon pour répondre à des questions médicales, bien qu'Alexa utilise également de nombreuses autres sources d'information. Le matériel, qui exclut les données sur les patients, pourrait également permettre à l'entreprise de fabriquer, de faire de la publicité et de vendre ses produits. Le contrat permet à Amazon d'accéder à des informations sur les symptômes, les causes et les définitions des maladies, ainsi qu'à "tous les contenus, données et autres matériels connexes protégés par le droit d'auteur". Amazon peut alors créer "de nouveaux produits, applications, services basés sur le cloud et/ou logiciels distribués", dont le NHS ne bénéficiera pas financièrement. L'entreprise peut également partager les informations avec des tiers. Le gouvernement a déclaré que le fait d'autoriser les apparcils Alexa à offrir des conseils d'experts en matière de santé aux utilisateurs réduira la pression sur les médecins et les pharmaciens.
184

Taxe d'entrée à Seattle et services pour les sans-abri

En mai 2018, Amazon a menacé le conseil municipal de Seattle au sujet d'une proposition de taxe sur la tête des employés qui aurait permis de financer des services d'aide aux sans-abri et des logements pour les personnes à faible revenu. Cette taxe aurait coûté à Amazon environ 800 dollars par employé, soit 0,7 % de leur salaire moyen. En représailles, Amazon a interrompu la construction d'un nouveau bâtiment, a menacé de limiter ses investissements dans la ville et a financé une campagne d'abrogation. Bien qu'initialement adoptée, la mesure a été rapidement abrogée à la suite d'une campagne d'abrogation coûteuse menée par Amazon.

Expansion du Tennessee

Les mesures d'incitation accordées par le conseil métropolitain de Nashville et le comté de Davidson à Amazon pour son nouveau centre d'excellence opérationnel à Nashville Yards, un site appartenant au promoteur Southwest Value Partners, ont fait l'objet de controverses, notamment la décision du ministère du développement économique et communautaire du Tennessee de garder secrète l'étendue de l'accord. Les mesures d'incitation comprennent "102 millions de dollars en subventions et crédits d'impôt combinés pour un immeuble de bureaux Amazon à échelle réduite" ainsi qu'"une subvention en espèces de 65 millions de dollars pour les dépenses d'investissement" en échange de la création de 5 000 emplois sur une période de sept ans.

La Tennessee Coalition for Open Government (Coalition du Tennessee pour un gouvernement ouvert) a appelé à plus de transparence. Une autre organisation locale, la People's Alliance for Transit, Housing, and Employment (PATHE), a suggéré de ne pas donner d'argent public à Amazon, mais de le consacrer à la construction de logements sociaux pour les travailleurs pauvres et les sans-abri et à l'investissement dans les transports publics pour les habitants de Nashvilli. D'autres ont suggéré que les incitations accordées aux grandes entreprises n'améliorent pas l'économie locale.

En novembre 2018, la proposition d'accorder à Amazon 15 millions de dollars d'incitations a été critiquée par le syndicat des pompiers de Nashville et la section de

Nashville de l'Ordre fraternel de la police, qui l'ont qualifiée d'"aide sociale aux entreprises". En février 2019, un autre montant de 15,2 millions de dollars en infrastructures a été approuvé par le conseil, bien qu'il ait été rejeté par trois membres du conseil, dont la conseillère Angie Henderson, qui l'a qualifié de "copinage".

187

Cruauté envers les animaux

Amazon a un temps proposé deux magazines sur les combats de coqs et deux vidéos sur les combats de chiens, bien que la Humane Society of the United States (HSUS) soutienne que la vente de ces matériels constitue une violation de la loi fédérale américaine et ait intenté une action en justice contre Amazon. En août 2007, une campagne de boycott d'Amazon a attiré l'attention après une affaire de combats de chiens impliquant le quarterback de la NFL Michael Vick. En mai 2008, Marburger Publishing a accepté de régler le litige avec la Humane Society en demandant à Amazon de cesser de vendre son magazine *The Game Cock*. Le second magazine cité dans le procès, *The Feathered Warrior,* est resté disponible.

L'association de défense des animaux Mercy for Animals a affirmé qu'Amazon autorisait le référencement du foie gras sur son site web, un produit qui a été interdit dans plusieurs pays, dont la Californie, et qui serait issu de la maltraitance des canards. Cette inscription a incité les groupes de défense des droits des animaux à lancer un mouvement appelé "Amazon cruelty".

Articles interdits par la loi britannique

En décembre 2015, *le* journal *The Guardian* a publié un article sur des ventes qui enfreignaient la loi britannique. Il s'agissait notamment d'un pistolet à gaz poivré (vendu directement par amazon.co.uk), d'acide, de pistolets paralysants et d'une arme tranchante dissimulée (vendue par des commerçants d'Amazon Marketplace). Tous ces produits sont considérés comme des armes interdites au Royaume-Uni. Dans le même temps, *le Guardian a* publié une vidéo décrivant certaines de ces armes.

De même, les attrape-laitons, illégaux en Nouvelle-Galles du Sud, sont vendus par Amazon.com.au.

Contenu antisémite

Un article publié dans l'hebdomadaire tchèque *Tyden* en janvier 2008 a attiré l'attention sur des chemises vendues par Amazon qui portaient les inscriptions "J'aime Heinrich Himmler" et "J'aime Reinhard Heydrich", professant ainsi leur affection pour les tristement célèbres officiers et
189

criminels de guerre nazis. Patricia Smith, porte-parole d'Amazon, a déclaré à *Tyden* : "Notre catalogue contient des millions d'articles. Avec un tel nombre, des marchandises inattendues peuvent se retrouver sur le Web". Mme Smith a précisé à *M. Tyden* qu'Amazon n'avait pas l'intention de cesser de coopérer avec Direct Collection, le producteur des T-shirts. À la suite des pressions exercées par le Congrès juif mondial (CJM), Amazon a annoncé qu'elle avait retiré de son site web les T-shirts susmentionnés ainsi que les T-shirts "J'aime Hitler" qu'elle vendait pour les femmes et les enfants. Après l'intervention du CJM, d'autres articles tels qu'un couteau de la Jeunesse hitlérienne portant le slogan nazi "Sang et honneur" ont également été retirés d'Amazon.com, de même qu'un poignard d'officier SS allemand de 1933 distribué par Knife-Kingdom.

Un rapport publié en octobre 2013 dans le magazine en ligne britannique *The Kernel* a révélé qu'Amazon.com vendait des livres qui défendent le négationnisme et les expédiait même à des clients dans des pays où le négationnisme est interdit par la loi.

Ce mois-là, le WJC a demandé au PDG d'Amazon, Jeff Bezos, de retirer de son offre les livres qui nient l'Holocauste et promeuvent l'antisémitisme, la suprématie de la race blanche, le racisme ou le sexisme. "Personne ne devrait tirer profit de la vente d'une littérature haineuse aussi vile et offensante. De nombreux survivants de l'Holocauste sont profondément offensés par le fait que le plus grand détaillant en ligne du monde gagne de l'argent en vendant de tels ouvrages", a écrit Robert Singer, vice-président exécutif du WJC, dans une lettre adressée à M. Bezos.

Bien que l'attirail nazi ait encore été listé sur Amazon aux États-Unis et au Canada en 2016, le 9 mars 2017, le WJC a annoncé qu'Amazon s'était conformé aux demandes qu'il avait soumises avec d'autres organisations juives en retirant de la vente les ouvrages négationnistes dénoncés dans les demandes. Le WJC a offert une assistance permanente pour identifier les ouvrages négationnistes parmi les offres d'Amazon à l'avenir.

En juillet 2019, le Conseil central des juifs d'Allemagne a dénoncé Amazon pour avoir continué à vendre des articles glorifiant les nazis. En décembre 2019, Amazon a été pris

191

en flagrant délit de vente sur sa plateforme d'ornements de sapin de Noël sur le thème d'Auschwitz, imprimés à la demande avec des images de stock du camp de concentration provenant d'un vendeur tiers ; Amazon a finalement retiré les ornements de toutes les plateformes. Le Mémorial d'Auschwitz, le groupe responsable de l'entretien du camp de concentration à des fins historiques et éducatives, a ensuite déclaré qu'il avait trouvé un "produit en ligne inquiétant provenant d'un autre vendeur - un tapis de souris d'ordinateur portant l'image d'un train de marchandises utilisé pour la déportation des personnes vers les camps de concentration". Louise Matsakis, journaliste à *Wired*, a qualifié les produits sur le thème de l'Holocauste de "sous-produit d'un paysage de commerce électronique de plus en plus automatisé", notant que les articles étaient imprimés à la demande et qu'Amazon n'en a eu connaissance qu'après que des clients ont signalé les articles incriminés.

Fin 2020, Amazon a retiré toutes les copies imprimées et numériques, neuves et d'occasion, de *The Turner Diaries*, un roman de fiction dystopique antisémite et raciste, de sa plateforme de vente de livres, y compris de toutes ses filiales (AbeBooks, The Book Depository), stoppant de fait les ventes du titre sur le marché de la vente de livres numériques. Amazon a justifié sa décision par le lien entre le titre et le mouvement QAnon, après avoir déjà supprimé de sa plateforme un certain nombre de titres autoédités et de titres de petites maisons d'édition liés à QAnon. Le site web de catalogage social et de critique de livres Goodreads, une autre filiale d'Amazon, a également supprimé les métadonnées de sa fiche pour toutes les éditions de *The Turner Diaries*, remplaçant le champ de l'auteur et du titre par "NOT A BOOK" (majuscule voulue), un surnom désigné normalement utilisé par la plateforme pour éliminer de son catalogue les articles qui ne sont pas des livres et qui portent un numéro ISBN, ainsi que les titres plagiés.

En 2022, Amazon a fait l'objet d'une controverse lorsqu'elle a commencé à offrir l'accès, par l'intermédiaire de son service de diffusion en continu Prime, au documentaire controversé *Hebrews to Negroes : Wake Up Black America !* qui avait été soutenu par la personnalité publique Kyrie Irving. Le film contient un certain nombre de théories du complot démenties et contestées, notamment le négationnisme et l'idée que les juifs européens sont responsables de la traite transatlantique des esclaves.

193

Variety a défendu Amazon dans cette affaire, affirmant que "le silence radio [d'Amazon] ne doit pas être interprété comme de l'indifférence. Au contraire, les initiés disent que la manière de traiter correctement "Hebrews" [le film] a fait l'objet de débats interminables lors de nombreuses réunions, dont certaines ont impliqué les hauts responsables d'Amazon... Alors que l'entreprise a un long passé, que l'on peut qualifier d'incohérent, lorsqu'il s'agit de contrôler les contenus controversés sur sa propre plateforme, "Hebrews" a été particulièrement difficile à gérer étant donné l'ampleur qu'a prise la saga Irving". Peu de cadres du siège de la société à Seattle ou de son studio à Culver City ont été épargnés par ceux qui se demandaient pourquoi la société vendait des contenus aussi vils sur son site web". Après la décision d'Amazon de ne pas retirer le film, le PDG Andy Jassy a affirmé que le film devait rester sur Amazon même si le point de vue était contestable. Stephen A. Smith a critiqué l'ancien PDG d'Amazon, Jeff Bezos, à propos de cette décision, en déclarant : "Jeff Bezos, vous êtes censé être un homme meilleur que cela. Débarrassez-vous de cela. Retirez cela de votre plateforme, s'il vous plaît, puisque tout ce bruit est fait".

194

Guide du pédophile

Le 10 novembre 2010, une controverse est née de la vente par Amazon d'un livre électronique de Phillip R. Greaves intitulé *The Pedophile's Guide to Love and Pleasure : A Child-lover's Code of Conduct*.

Des lecteurs ont menacé de boycotter Amazon pour avoir vendu ce livre, décrit par les critiques comme un "guide pédophile". Dans un premier temps, Amazon a défendu la vente du livre en déclarant que le site "considère comme une censure le fait de ne pas vendre certains livres simplement parce que nous ou d'autres personnes pensons que leur message est répréhensible" et que le site "soutient le droit de chaque individu à prendre ses propres décisions d'achat". Le site a toutefois retiré le livre par la suite. Le *San Francisco Chronicle* a écrit qu'Amazon "a défendu le livre, puis l'a retiré, puis l'a rétabli, puis l'a retiré à *nouveau*".

Christopher Finan, président de la Fondation des libraires américains pour la liberté d'expression, a fait valoir qu'Amazon avait le droit de vendre le livre, car il ne s'agit pas de pornographie enfantine ou d'obscénité légale, puisqu'il ne contient pas d'images. D'autre part, Enough Is Enough, une organisation de protection de l'enfance, a publié une déclaration indiquant que le livre devrait être retiré et qu'il "donne l'impression que la maltraitance des enfants est normale". People for the Ethical Treatment of Animals (PETA), citant le retrait de *The Pedophile's Guide* d'Amazon, a exhorté le site web à retirer également de son catalogue les livres sur les combats de chiens.

Greaves a été arrêté le 20 décembre 2010 à son domicile de Pueblo, dans le Colorado, sur la base d'un mandat d'arrêt émis par le bureau du shérif du comté de Polk à Lakeland, en Floride. Les inspecteurs de la division des crimes sur Internet du comté ont commandé une version papier signée du livre de Greaves et l'ont fait expédier dans la juridiction de l'agence, où elle violait les lois de l'État sur l'obscénité. Selon le shérif Grady Judd, dès réception du livre, Greaves a enfreint les lois locales interdisant la distribution de "matériel obscène représentant des mineurs se livrant à des actes préjudiciables", ce qui constitue un délit au troisième degré. Greaves a plaidé non coupable et a été remis en liberté surveillée, sa peine d'emprisonnement précédente étant considérée comme une période de détention.

196

Produits de contrefaçon

Le 16 octobre 2016, Apple a intenté une action en contrefaçon de marque à l'encontre de Mobile Star LLC pour avoir vendu des produits Apple contrefaits à Amazon. Dans cette plainte, Apple a fourni la preuve qu'Amazon vendait ces produits Apple contrefaits et les présentait comme authentiques. En effectuant des achats, Apple a constaté qu'elle était en mesure d'identifier les produits contrefaits avec un taux de réussite de 90 %. Amazon s'approvisionnait et vendait des articles sans déterminer correctement s'ils étaient authentiques. Mobile Star LLC a conclu un accord avec Apple pour un montant non divulgué le 27 avril 2017.

Au cours des années qui ont suivi, la vente de produits contrefaits par Amazon a fait l'objet d'une large attention, les achats indiqués comme étant effectués par des tiers et ceux expédiés directement à partir des entrepôts d'Amazon s'étant révélés être des contrefaçons. Certains produits vendus directement par Amazon et portant la mention "expédié et vendu par Amazon.com" ont ainsi été découverts. Des câbles de charge contrefaits vendus sur Amazon en tant que prétendus produits Apple se sont

197

avérés présenter un risque d'incendie. Ces contrefaçons ont porté sur un large éventail de produits, allant d'articles coûteux à des articles de tous les jours tels que des pinces à épiler, des gants et des parapluies. Plus récemment, le phénomène s'est étendu aux nouveaux services d'épicerie d'Amazon. La contrefaçon a été signalée comme étant particulièrement problématique pour les artistes et les petites entreprises dont les produits étaient rapidement copiés pour être vendus sur le site. À la suite de ces problèmes, des entreprises telles que Birkenstocks et Nike ont retiré leurs produits du site web.

L'une des pratiques commerciales d'Amazon qui encourage la contrefaçon est que, par défaut, les comptes des vendeurs sur Amazon sont configurés pour utiliser des "stocks mélangés". Avec cette pratique, les marchandises qu'un vendeur envoie à Amazon sont mélangées à celles du producteur du produit et à celles de tous les autres vendeurs qui fournissent ce qui est censé être le même produit.

En juin 2019, *BuzzFeed* a rapporté que certains produits identifiés sur le site comme "choix d'Amazon" étaient de faible qualité, avaient des antécédents de plaintes de clients et présentaient des preuves de manipulation des commentaires sur les produits.

En août 2019, *le Wall Street Journal a* rapporté avoir trouvé plus de 4 000 articles en vente sur le site d'Amazon qui avaient été déclarés dangereux par des agences fédérales, portaient des étiquettes trompeuses ou avaient été interdits par des organismes de réglementation fédéraux.

À la suite de l'enquête du *WSJ*, trois sénateurs américains - Richard Blumenthal, Ed Markey et Bob Menendez - ont envoyé une lettre ouverte à Jeff Bezos pour lui demander de prendre des mesures concernant la vente d'articles dangereux sur le site. La lettre indique qu'"incontestablement, Amazon ne respecte pas son engagement d'assurer la sécurité des consommateurs qui utilisent son énorme plateforme". La lettre comprenait plusieurs questions sur les pratiques de l'entreprise et donnait à Bezos un délai pour répondre avant le 29 septembre 2019, en disant : "Nous vous demandons de retirer immédiatement de la plateforme tous les produits problématiques examinés dans le récent rapport du *WSJ* ; d'expliquer comment vous procédez à ce processus ; de

199

mener une enquête interne approfondie sur vos politiques d'application et de sécurité des consommateurs ; et d'instituer des changements qui continueront à écarter les produits dangereux de votre plateforme." Au début du même mois, les sénateurs Blumenthal et Menendez avaient envoyé à M. Bezos une lettre concernant le rapport de *BuzzFeed.*

En décembre 2019, *le Wall Street Journal* a rapporté que certaines personnes récupéraient littéralement des déchets dans des bennes à ordures et les vendaient comme de nouveaux produits sur Amazon. Les journalistes ont mené une expérience et ont déterminé qu'il était facile pour un vendeur de créer un compte et de vendre des déchets nettoyés en tant que nouveaux produits. Outre les déchets, les vendeurs se procuraient des stocks dans les bacs de déstockage, les magasins d'occasion et les prêteurs sur gages.

En août 2020, une cour d'appel californienne a jugé qu'Amazon pouvait être tenu responsable des produits dangereux vendus sur son site web. Une Californienne avait acheté une batterie d'ordinateur portable de

200

remplacement qui a pris feu et lui a causé des brûlures au troisième degré.

Supports contrefaits

Les lobbyistes américains du droit d'auteur ont accusé Amazon de faciliter la vente de CD et de DVD sans licence, en particulier sur le marché chinois. Le gouvernement chinois a réagi en annonçant son intention de renforcer la réglementation d'Amazon (ainsi que d'Apple Inc. et de Taobao.com) en matière de violation des droits d'auteur sur l'internet. Amazon a déjà dû fermer des distributeurs tiers sous la pression de la NCAC (National Copyright Administration of China).

Amazon a été pris en flagrant délit de vente de livres contrefaits, c'est-à-dire de livres qui reproduisent fidèlement une édition authentique d'un ouvrage publié, mais dont la publication n'a pas été autorisée par le détenteur des droits d'auteur. Le *Sanford Guide to Antimicrobial Therapy*, un ouvrage médical non romanesque, en est un exemple frappant. Selon David Streitfeld du *New York Times*, "Amazon ne s'occupe pas de ce qui se passe dans sa librairie, ne vérifiant jamais

l'authenticité, et encore moins la qualité, de ce qu'elle
vend. Il ne supervise pas les vendeurs qui ont afflué sur
son site de manière organisée. Il en résulte une sorte
d'anarchie. Des éditeurs, des écrivains et des groupes tels
que l'Authors Guild ont déclaré que la contrefaçon de livres
sur Amazon avait explosé. L'entreprise s'est montrée
réactive plutôt que proactive face à ce problème, ne
prenant souvent des mesures que lorsqu'un acheteur se
plaint. Souvent, ont-ils ajouté, il n'y a pas d'appel possible
et le seul recours est de s'intégrer encore plus étroitement
à Amazon. Ce n'est pas la première fois que des livres
contrefaits apparaissent sur Amazon. Selon le *New York
Post*, le problème des livres contrefaits a en fait pris de
l'ampleur, fusionnant avec une autre controverse
concernant la vente de livres plagiés par Amazon. Martin
Kleppmann, un auteur, s'est plaint qu'Amazon vendait des
copies pirates de son manuel dont les pages se
chevauchaient et qui présentaient des problèmes de
saignement de l'encre, ce qui rendait le livre illisible et
donnait lieu à des critiques négatives. En 2019,
InterVarsity Press a annoncé que des contrefacteurs
avaient vendu pour 240 000 dollars de fausses copies de
Liturgy of the Ordinary de Tish Harrison Warren sur
Amazon - jusqu'à 20 000 copies, par rapport aux 121 000

202

copies légitimes vendues par IVP jusqu'à ce moment-là, selon les estimations des médias.

Vox a soutenu en 2019 qu'Amazon bénéficie directement de la vente de livres contrefaits, citant un exemple où un éditeur de petite presse a dû s'associer à Amazon pour remettre des livres légitimes sur le marché : "Bill Pollock, fondateur de l'éditeur de guides de programmation et de sciences No Starch, basé à San Francisco, a déclaré au *New York Times* que cette solution ne faisait que mettre encore plus à la charge des détenteurs de droits de se protéger : "Pourquoi devrions-nous être responsables de la surveillance des contrefaçons sur Amazon ? C'est leur travail. No Starch a déclaré qu'il dépensait "3 000 dollars par mois et plus" pour maintenir son classement dans les moteurs de recherche à un niveau supérieur à celui des personnes qui le copient.

Suppression des ouvrages LGBT

En avril 2009, il a été rendu public que certains livres lesbiens, gays, bisexuels, transgenres, féministes et politiquement libéraux étaient exclus du classement des ventes d'Amazon. Divers livres et médias ont été marqués comme "contenu pour adultes", y compris des livres pour enfants, des livres de développement personnel, des ouvrages non romanesques et des œuvres de fiction non explicites. En conséquence, les œuvres d'auteurs reconnus comme E. M. Forster, Gore Vidal, Jeanette Winterson et D. H. Lawrence n'ont pas été classées. Ce changement a d'abord été annoncé sur le blog de l'auteur Mark R. Probst, qui a reproduit un courrier électronique d'Amazon décrivant une politique de déréférencement du matériel "adulte". Cependant, Amazon a par la suite déclaré qu'il n'existait pas de politique de déréférencement du matériel lesbien, gay, bisexuel et transgenre et a attribué le changement d'abord à un "pépin", puis à "une erreur de catalogage embarrassante et maladroite" qui avait affecté 57 310 livres (un pirate informatique a également prétendu être à l'origine de cette perte de métadonnées).

En juin 2022, Amazon s'est plié à la demande du gouvernement des Émirats arabes unis, sous peine de sanctions inconnues, et a imposé des restrictions sur les produits LGBTQ et leurs résultats de recherche dans les Émirats. Les recherches sur des mots clés tels que "pride", "lgbt", "transgender flag" et "lgbt iphone cases" n'ont donné

204

aucun résultat dans le pays. Des livres comme *My Lesbian Experience With Loneliness* de Nagata Kabi, *Bad Feminist* de Roxane Gay et *Gender Queer : A Memoir* de Maia Kobabe ont également été supprimés. Amazon a déclaré qu'elle devait "se conformer aux lois et réglementations locales des pays dans lesquels elle opère", bien qu'elle se soit engagée à protéger les droits des personnes LGBTQ.

Autisme

Amazon a été pris en flagrant délit de vente de divers articles, principalement des livres autoédités, qui véhiculent des informations erronées et pseudo-scientifiques sur les troubles du spectre autistique et le syndrome d'Asperger. Dans le cadre d'une expérience visant à tester l'absence de contrôle qualité d'Amazon dans le domaine des livres sur l'autisme, le journaliste de *Wired* Matthew "Matt" Reynolds a rédigé un livre électronique Kindle autoédité intitulé *How To Cure Autism (Comment guérir l'autisme) : A guide to using chlorine dioxide to cure autism (Comment soigner l'autisme : un guide sur l'utilisation du dioxyde de chlore pour soigner l'autisme)*. Comme il l'explique, "pour tester le système, nous avons téléchargé un faux livre Kindle intitulé *How To Cure Autism : Un guide sur l'utilisation du dioxyde de chlore pour guérir l'autisme*. L'inscription a été approuvée en l'espace de deux heures. Lors de la création du livre, le service d'édition Kindle d'Amazon a suggéré une image de couverture qui donnait l'impression que le livre avait été approuvé par la FDA. Il a souligné qu'un certain nombre d'autres titres Kindle réels promouvant des remèdes à base d'eau de Javel et d'autres informations erronées étaient déjà présents sur Amazon. Par la suite, Amazon a été contraint de retirer de ses plates-formes de vente divers titres autoédités promouvant des théories anti-vaccination liées à l'autisme, ce qui, selon la journaliste Lindsey Bever du *Washington Post*, était à la limite de la censure d'un matériel de lecture légal. De nombreux organes de presse, dont NBC et CBS, ont rapporté qu'Amazon retirait les livres. Plus tard dans l'année, *Science Alert a* rapporté qu'Amazon continuait à vendre des livres de désinformation sur l'autisme. D'autres livres de désinformation sur l'autisme en rapport avec le COVID-19 ont commencé à être mis en vente sur Amazon en 2021, au point que la sénatrice Elizabeth Warren a interrogé le PDG d'Amazon, Andy Jassy, sur les algorithmes de recherche d'Amazon qui favorisent une telle désinformation. Jassy n'a pas répondu personnellement ni commenté la situation.

Vaccins

Les "cures" anti-vaccination et anti-cancer non fondées sur des preuves ont régulièrement figuré en bonne place dans les livres et les vidéos d'Amazon. Cela peut être dû à des critiques positives postées par des partisans de méthodes non testées, ou au détournement des algorithmes par des communautés de "truther", plutôt qu'à une quelconque intention de la part de l'entreprise. *Wired* a constaté que Amazon Prime Video était rempli de "documentaires pseudo-scientifiques chargés de théories du complot et orientant les spectateurs vers des traitements qui n'ont pas fait leurs preuves".

Le député américain Adam Schiff (D-Calif.) s'est dit préoccupé par le fait qu'Amazon "mettait en avant et recommandait des produits et des contenus qui découragent les parents de faire vacciner leurs enfants". Amazon a ensuite retiré cinq documentaires anti-vaccination. Amazon a également retiré 12 livres qui affirmaient de manière non scientifique que l'eau de Javel pouvait guérir des maladies telles que le paludisme et l'autisme infantile. Cette décision fait suite à un reportage de NBC News sur des parents qui avaient utilisé de l'eau de Javel dans une tentative malencontreuse de remédier à l'autisme de leurs enfants.

Suppression d'autres livres

En 2014, Amazon a retiré un livre, décrit par les critiques comme un "guide du viol", qui prétendait révéler comment les femmes pouvaient être poussées à accepter des avances sexuelles. Plus tard, elle a retiré un livre de l'activiste antimusulman Tommy Robinson.

En 2015, Amazon a essuyé des réactions négatives pour avoir publié *A MAD World Order*, un livre électronique auto-publié par le tueur en série et violeur canadien Paul Bernardo, qui avait apparemment accédé aux services d'auto-publication d'Amazon par l'intermédiaire d'un ordinateur en prison. Amazon a discrètement retiré le livre électronique de la vente sur toutes ses plateformes (aucune version imprimée n'a jamais été publiée), bien qu'une fiche de métadonnées pour ce livre existe toujours sur la filiale Goodreads. En 2019, Amazon a retiré le livre *Is Greta Thunberg just a puppet ? The truth about the [sic] youngest ambientalist* de Markus Jorgenssen, un titre qui contenait du contenu diffamatoire sur la militante écologiste Greta Thunberg, qui était une enfant mineure au moment de la publication.

Amazon a temporairement interdit un livre promouvant des affirmations non conventionnelles sur la pandémie de

COVID-19, ainsi que des livres promouvant des remèdes à la pandémie de COVID-19 non approuvés par les agences gouvernementales américaines. En 2021, Amazon a supprimé les listes d'un livre publié en 2018 par le philosophe conservateur Ryan T. Anderson parce qu'il critiquait les protections juridiques accordées aux personnes transgenres.

Le plagiat dans Kindle Direct Publishing

La branche d'auto-édition d'Amazon, Kindle Direct Publishing, une société d'impression à la demande et de livres électroniques, a imprimé et vendu des livres plagiés par plusieurs auteurs, dont certains se sont plaints publiquement contre Amazon pour cette pratique. Rebecca Maye Holiday, une auteure franco-canadienne, a révélé que le fait qu'Amazon ait permis à un tiers de publier des versions contrefaites de ses œuvres protégées par le droit d'auteur a conduit à ce qu'un "ISBN gratuit" provenant de l'œuvre contrefaite entre dans les bases de données d'Ingram Content Group, ce qui a conduit à ce qu'un nom mort mal orthographié apparaisse par importation automatique en tant que nom d'auteur principal de ses livres sur Goodreads et Google Books. Selon Mme

Holiday, alors qu'Amazon a retiré les contrefaçons de la publication et a cessé de les vendre, Goodreads considère les livres comme des éditions valides parce qu'ils ont été évalués et commentés et parce qu'ils ont été techniquement "publiés", que la légalité de leur existence ait été remise en question ou non. En outre, un certain nombre d'éditeurs bénévoles ont donné un nom d'emprunt à Holiday, qui est ouvertement asexuée, ce qui l'a amenée à boycotter Goodreads au-delà de la maintenance courante de sa biographie d'auteur sur ce site. Nora Roberts, une auteure américaine de romans d'amour dont de nombreux titres ont été plagiés et republiés par l'intermédiaire de Kindle Direct Publishing, a décrit la branche d'autoédition d'Amazon avec dédain, en déclarant : "Je reçois une sacrée éducation sur la culture malade, cupide et opportuniste qui joue avec le système absurdement faible d'Amazon. Et tout ce que j'apprends me met hors de moi... Cette culture, ces horribles dessous de l'auto-édition légitime, c'est une question de contenu. Plus, plus, plus, vite, vite, vite !". Lors d'une interview accordée au *Guardian,* Mme Roberts a promis de poursuivre en justice ses plagiaires, qui n'ont pas été nommément identifiés. Des cas comme celui-ci ne sont pas rares, et en 2019, The Authors Guild a publié une déclaration selon laquelle "la façon dont KDP et KU [Kindle Unlimited] sont mis en place, qui attire les escrocs qui profitent des faiblesses du système pour reconditionner les livres d'autres auteurs et les anthologies... ils les font passer pour de "nouvelles" œuvres." Goodreads et Google Books conservent souvent les métadonnées des contrefaçons et des titres plagiés même après qu'Amazon les a retirés de ses principales plateformes de vente, ce qui pose des problèmes d'attribution correcte des auteurs, de désambiguïsation et de confusion pour les lecteurs.

La réponse d'Amazon au plagiat dans Kindle Direct Publishing

Amazon lui-même a toujours affirmé qu'il vérifiait le plagiat en contrôlant les comptes des utilisateurs et en effectuant des contrôles de plagiat sur les fichiers téléchargés, bien que les critiques aient fait valoir que le système d'Amazon n'était pas assez robuste pour traiter des questions telles que l'usurpation d'identité, l'accès des mineurs à la plateforme ou l'anonymat sur l'internet. *The Urban Writers* a défendu Amazon à cet égard, affirmant qu'"Amazon est extrêmement sensible aux travaux plagiés et, s'ils sont signalés, votre compte peut être désactivé". D'autres

212

écrivains et rapports se sont montrés plus critiques à l'égard de la réaction d'Amazon face au plagiat, notant de nombreux cas où Amazon elle-même n'a rien fait pour empêcher un ou plusieurs plagiaires de télécharger des fichiers protégés par le droit d'auteur et de les revendiquer comme étant les leurs, de prétendre être l'auteur lui-même, de télécharger des informations volées à un auteur (telles que des numéros d'impôts ou une adresse personnelle) afin de revendiquer faussement son identité, de revendiquer des œuvres du domaine public sous leur propre nom et d'inventer divers noms anonymes afin d'éviter les conséquences juridiques. Dès 2011-2012, de tels cas sont apparus sur Amazon. Michelle Starr, rédactrice pour *CNET*, a décrit un cas en 2012 où "les auteurs de science-fiction C.H. Cherryh et John Scalzi ont envoyé à Amazon des avis de retrait DMCA pour leurs livres qu'un certain Ibnul Jaif Farabi avait téléchargés, avec des titres légèrement modifiés, sous son propre nom. Il avait également fait la même chose avec des œuvres d'auteurs décédés, tels que Robert Heinlein et Arthur C. Clarke, qui, bien sûr, sont un peu trop décédés pour être remarqués". Dans la plupart de ces cas, Amazon dépublie les titres ou arrête d'en vendre de nouveaux exemplaires, mais conserve également les métadonnées de ces titres sur des sites tels que Goodreads. Cela peut entraîner des problèmes tels que l'absence de notoriété ou d'association du bon auteur à son propre livre, des problèmes de désambiguïsation et des problèmes de droits moraux. Les problèmes de droits moraux peuvent être particulièrement préjudiciables aux auteurs. Rachel Ann Nunes, auteur de romans de genre mormons, a souligné dans une interview pour *The Atlantic* que, outre les implications financières du plagiat de ses livres, le stress émotionnel et l'atteinte à la réputation étaient encore pires. "J'avais l'impression d'être attaquée", a révélé Mme Nunes, "et lorsque j'allais sur les médias sociaux, je ne savais pas ce qui m'attendait". Mme Nunes a expliqué qu'elle n'arrivait plus à dormir, qu'elle avait pris beaucoup de poids, qu'elle n'arrivait plus à prendre plaisir à écrire et qu'elle avait payé des milliers de dollars en frais d'avocat pour tenter d'attraper le plagiaire de ses livres, qui avait pris plusieurs pseudonymes et téléchargé de fausses informations dans les bases de données d'Amazon. Jonathan Bailey, de *Plagiarism Today*, a fait remarquer qu'"Amazon ne fait pas grand-chose pour contrôler les livres qu'elle publie. Le plagiat n'est même pas mentionné dans ses fichiers d'aide KDP. Cela signifie qu'il est facile de publier presque tout ce que l'on veut, sans se soucier de la qualité du travail ou, dans ces cas,

214

de son originalité. En fait, beaucoup se plaignent qu'Amazon ne vérifie pas les œuvres, même pour des questions simples telles que le formatage et la mise en page. Bien qu'Amazon retire parfois les œuvres qui violent ses conditions d'utilisation après avoir reçu des plaintes, il est heureux de vendre les livres et d'engranger les bénéfices jusqu'à ce qu'il reçoive une telle notification. Du point de vue d'Amazon, cette pratique est tout à fait légale. Elle est protégée par le Digital Millennium Copyright Act (DMCA) ainsi que par d'autres lois, en particulier la section 230 du Communications Decency Act, qui signifient essentiellement qu'elle n'a aucune obligation d'examiner ou de vérifier les œuvres qu'elle publie. Ils sont légalement libres de produire et de vendre des livres, physiques et numériques, qu'ils soient plagiés, qu'ils enfreignent le droit d'auteur ou qu'ils soient illégaux de quelque manière que ce soit.

En 2019, la journaliste de *Vox* Kaitlyn Tiffany a mené une enquête sur un sous-ensemble étrange de "biographies de célébrités" auto-publiées sur Amazon, publiées sous le nom de plume "Matt Green" par le biais de Kindle Direct Publishing, qui contenaient du matériel plagié et non autorisé, souvent avec des fautes de frappe et des erreurs

215

grammaticales. Tiffany a défendu l'approche d'Amazon en matière de contrôle du contenu, en rappelant qu'"'Amazon a déjà mis fin à un certain nombre d'escroqueries en matière de livres électroniques". Au début, les utilisateurs pouvaient télécharger des livres du domaine public à partir de sources telles que le Projet Gutenberg, les charger et les vendre à des lecteurs qui ne savaient pas ce qu'il en était. Un changement de politique en 2011 a mis fin à cette pratique. En 2012, Max Read, de Gawker, est tombé sur une autre bonne affaire : des centaines de milliers de livres qui n'étaient que des compilations d'articles de Wikipédia avec des titres comme "Celebrities With Big Dicks" (Célébrités avec de grosses bites). Un auteur qu'il a trouvé publiait des ensembles de données aléatoires comme "The 2007-2012 Outlook for Tufted Washable Scatter Rugs, Bathmats and Sets That Measure 6-Feet by 9-Feet or Smaller in India" (Les perspectives 2007-2012 pour les tapis, tapis de bain et ensembles touffus lavables qui mesurent 6 pieds par 9 pieds ou moins en Inde). Elle a fait valoir que si Amazon est connu pour ses escroqueries endémiques dans ses filiales d'auto-édition, l'entreprise fait de son mieux pour y mettre un terme lorsqu'elle en a connaissance, mais que le plagiat pur et simple et d'autres contenus illégaux sont difficiles à détecter. Elle a
216

également souligné que l'utilisation de noms de plume était un problème et a convenu avec Jonathan Bailey que le Digital Millennium Copyright Act protégeait trop Amazon de toute responsabilité en matière de plagiat ou de contenu illégal dans les livres publiés. Les PDG d'Amazon, Jeff Bezos et Andy Jassy, n'ont jamais commenté publiquement ni présenté d'excuses à Nora Roberts, Rebecca Maye Holiday ou Rachel Ann Nunes pour les problèmes de plagiat et de contrefaçon, mais ils ont inclus dans l'accord sur les conditions générales de Kindle Direct Publishing des politiques concernant le plagiat et la publication de contenu illégal.

Partenariats et associations d'Amazon

Hikvision

Amazon a travaillé avec la société technologique chinoise Hikvision. Selon *The Nation*, "les États-Unis ont envisagé de prendre des sanctions contre Hikvision, qui a fourni des milliers de caméras pour surveiller les mosquées, les écoles et les camps de concentration au Xinjiang".

Hébergement Palantir

Amazon fournit à Palantir des services d'hébergement en nuage via Amazon Web Services (AWS). Palantir est une société d'analyse de données bien connue qui a développé un logiciel utilisé pour recueillir des données sur les immigrés sans papiers. Ce logiciel est hébergé sur le nuage AWS d'Amazon.

En juin 2018, des employés d'Amazon ont signé une lettre demandant à Amazon d'abandonner Palantir, une société de collecte de données, en tant que client AWS. Selon *Forbes*, Palantir "a fait l'objet d'un examen minutieux parce que son logiciel a été utilisé par des agents de l'ICE pour identifier et entamer des procédures d'expulsion contre des migrants sans papiers."

Le 7 juillet 2019, des dirigeants juifs locaux liés à l'organisation Jews for Racial and Economic Justice, ainsi que Make the Road New York, ont mené une manifestation de plus de 1 000 Juifs et autres en réponse aux liens financiers d'Amazon avec Palantir, et à ses 150 millions de dollars de contrats avec l'Agence américaine de lutte contre l'immigration et les douanes (ICE). L'action directe a entraîné la fermeture du site d'Amazon Books, situé dans le centre de Manhattan. La manifestation a eu lieu le jour du deuil et du jeûne juif, Tisha B'Av, qui commémore la destruction des anciens temples de Jérusalem.

Influence sur les informations locales

Fin mai 2020, avant l'assemblée générale des actionnaires du 27 mai, au moins onze chaînes d'information locales ont diffusé des séquences rédigées de manière identique qui commentaient positivement la réponse d'Amazon à la pandémie de coronavirus. Zach Rael, présentateur de la chaîne KOCO-TV d'Oklahoma City, a indiqué qu'Amazon avait essayé de lui envoyer le même colis préparé. Bernie Sanders, sénateur et critique d'Amazon, a condamné le reportage et l'a qualifié de propagande. La majeure partie de la vidéo fournie était narrée par le responsable des relations publiques d'Amazon, Todd Walker. Sur les onze chaînes identifiées, WTVG à Toledo, dans l'Ohio, est la seule à lui avoir attribué les déclarations.

Librairie Amazon

En 1999, l'Amazon Bookstore Cooperative de Minneapolis (Minnesota) a intenté un procès à amazon.com pour contrefaçon de marque. La coopérative utilisait le nom "Amazon" depuis 1970, mais a conclu un accord à l'amiable pour partager le nom avec le détaillant en ligne.

Savon luxuriant

En 2014, les tribunaux britanniques ont déclaré qu'Amazon avait porté atteinte à la marque de savon Lush. Le fabricant de savon, Lush, avait précédemment rendu ses produits indisponibles sur Amazon. Malgré cela, Amazon a fait de la publicité pour des produits alternatifs en effectuant des recherches sur Google pour le savon Lush.

Diffamation présumée

En septembre 2009, il est apparu qu'Amazon vendait des
téléchargements de musique MP3 suggérant à tort qu'un
célèbre manager de football de la Premier League était un
pédophile. Malgré une campagne exhortant le détaillant à
retirer l'article, il a refusé de le faire, invoquant la liberté
d'expression. L'entreprise a finalement décidé de retirer
l'article de son site web britannique après avoir été
menacée d'une action en justice. Elle a toutefois continué
à vendre l'article sur ses sites américain, allemand et
français.

Divulgation présumée de données personnelles

En octobre 2011, l'actrice Junie *Hoang* a intenté une action
en justice d'un million de dollars contre Amazon devant le
tribunal du district occidental de Washington, pour avoir
prétendument révélé son âge sur IMDb, dont Amazon est
propriétaire, en utilisant les données personnelles de sa
carte de crédit. L'action en justice, qui allègue une fraude,
une rupture de contrat et une violation de sa vie privée et
de ses droits de consommatrice, indique qu'après s'être
inscrite sur IMDbPro en 2008 pour augmenter ses chances

d'obtenir des rôles, l'actrice affirme que sa date de naissance légale a été ajoutée à son profil public, révélant qu'elle est plus âgée qu'elle n'en a l'air, ce qui a entraîné une baisse substantielle de son travail d'actrice et de ses revenus. L'actrice a également déclaré que le site avait refusé sa demande de suppression des informations en question. Toutes les plaintes contre Amazon et la plupart des plaintes contre IMDb ont été rejetées par le juge Marsha J. Pechman ; le jury a donné raison à IMDb sur la seule plainte restante. En février 2015, l'affaire contre IMDb fait toujours l'objet d'un appel.

Noms morts IMDB

Après que l'acteur néo-écossais Elliot Page et l'actrice américaine Laverne Cox se sont révélés transgenres en 2020, IMDb a modifié sa politique juridique concernant les noms propres dans les biographies d'acteurs et d'actrices, en faisant des exceptions pour les personnes qui ont changé de nom afin que leur nom de naissance n'apparaisse pas sur les profils IMDb. Cette décision a été prise à la suite du tollé soulevé par divers groupes et organisations de soutien aux personnes LGBTQ+, dont GLAAD, qui a déclaré que "révéler le nom de naissance d'une personne transgenre sans son autorisation explicite est une atteinte à la vie privée qui ne sert qu'à saper la véritable identité authentique de la personne transgenre et peut l'exposer à des risques de discrimination, voire de violence". La GLAAD a accepté de soutenir un recours en justice de la guilde des acteurs visant à restreindre les informations personnelles que la base de données peut révéler.

Précision des avis sur Amazon

En 2004, *le New York Times a* rapporté qu'un problème sur le site web d'Amazon Canada avait révélé qu'un certain nombre de critiques de livres avaient été rédigées par des auteurs de leurs propres livres ou de livres concurrents. En réaction, Amazon a modifié sa politique d'autorisation des critiques anonymes pour en faire une politique de marquage des références en ligne pour les auteurs de critiques enregistrés auprès d'Amazon, tout en leur permettant de rester anonymes grâce à l'utilisation de noms de plume. En avril 2010, il a été découvert que l'historien britannique Orlando Figes avait publié des critiques négatives sur les livres d'autres auteurs. En juin 2010, un blog d'information de Cincinnati a découvert un

groupe de 75 critiques de livres sur Amazon qui avaient
été rédigées et publiées par une société de relations
publiques pour le compte de ses clients. La même année,
une étude de l'université de Cornell a affirmé que 85 %
des critiques de consommateurs de haut niveau d'Amazon
"avaient reçu des produits gratuits de la part d'éditeurs,
d'agents, d'auteurs et de fabricants". En juin 2011,
Amazon s'est elle-même lancée dans l'édition et a
commencé à solliciter des critiques positives de la part
d'auteurs reconnus en échange d'une promotion accrue de
leurs propres livres et de leurs projets à venir.

Les commentaires des clients d'Amazon.com sont
contrôlés pour vérifier qu'ils ne sont pas indécents, mais ils
autorisent les commentaires négatifs. Robert Spector,
auteur du livre *amazon.com*, décrit comment "lorsque les
éditeurs et les auteurs ont demandé à Bezos pourquoi
amazon.com publiait des critiques négatives, il a défendu
cette pratique en affirmant qu'amazon.com "adoptait une
approche différente... nous voulons rendre chaque livre
disponible - le bon, le mauvais et le laid... pour laisser libre
cours à la vérité"" (Spector 132). Des allégations ont été
formulées selon lesquelles Amazon aurait sélectivement
supprimé les critiques négatives d'articles liés à la

224

Scientologie, malgré le respect des directives en matière de commentaires.

En novembre 2012, il a été rapporté qu'Amazon.co.uk avait supprimé "une vague de commentaires d'auteurs sur les livres de leurs confrères dans ce que l'on pense être une réponse au scandale des "marionnettes fantoches"".

Suite à la mise en vente de *Untouchable : The Strange Life and Tragic Death of Michael* Jackson, une biographie désobligeante de Michael Jackson par Randall Sullivan, ses fans, organisés via les médias sociaux sous le nom de "Michael Jackson's Rapid Response Team to Media Attacks", ont bombardé Amazon de critiques négatives et d'évaluations négatives de critiques positives.

En 2017, Amazon a supprimé un nombre démesuré d'avis 1 étoile de la liste du livre de l'ancienne candidate à la présidence, Hillary Clinton, intitulé *What Happened (Ce qui s'est passé)*.

En 2018 et 2020, il a été rapporté qu'Amazon avait, pendant un certain temps, permis aux vendeurs de réaliser un tour de passe-passe : après que les évaluateurs aient fait l'éloge d'un produit particulier, celui-ci était remplacé
225

par un tout autre produit, tout en conservant les évaluations positives précédentes.

En 2022, des chercheurs de l'UCLA ont constaté que des millions de produits achetaient de faux avis positifs dans des groupes privés sur Facebook. Ils ont montré une utilisation généralisée de faux avis positifs par des produits dans de nombreuses catégories, et que les faux avis augmentent considérablement les évaluations et les ventes. Amazon affirme qu'en 2019 seulement, l'entreprise a dépensé plus de 500 millions de dollars et employé plus de 8 000 personnes pour mettre fin aux faux avis.

En juillet et août 2022, Amazon a engagé des poursuites contre les administrateurs de 10 000 groupes Facebook utilisés pour coordonner de fausses critiques de produits, ainsi que contre plusieurs entreprises impliquées dans la falsification des commentaires des vendeurs et le contournement des interdictions de vente.

Critiques sur Goodreads

Goodreads, filiale d'Amazon, a fait l'objet d'un grand nombre de scandales concernant son système d'évaluation des livres, notamment une pratique connue

226

sous le nom de "review-bombing", une forme de trolling et d'extorsion de fonds utilisée pour diverses raisons afin de rétrograder ou de gonfler l'évaluation des livres d'un auteur. Les raisons invoquées sont, entre autres, la culture de l'annulation, le gain financier, l'intimidation et le harcèlement, la diffamation ou l'autopromotion. Rin Chupeco, un romancier fantastique populaire, en est un exemple frappant. Il s'est inquiété du fait que Goodreads adopte une approche minimaliste de la modération, la laissant principalement entre les mains de bénévoles disposant de privilèges d'édition, et que les auteurs marginalisés en raison de leur race, de leur sexe, de leur appartenance ethnique et de leur orientation sexuelle sont souvent pris pour cible. Contrairement à la société mère Amazon, Goodreads n'a aucun moyen de vérifier si les utilisateurs possèdent ou ont accès aux livres qu'ils prétendent avoir lus, et ne modère pas les pseudonymes, les trolls ou les faux comptes de la même manière qu'Amazon. Goodreads est resté largement silencieux sur la question, bien qu'il ait imposé de nouvelles règles limitant les commentaires qui critiquent le comportement de l'auteur plutôt que les livres eux-mêmes, par exemple les commentaires qui se moquent de l'affiliation politique ou de la religion d'un auteur. Le personnel de Goodreads
227

est responsable de la modération de ce type de contenu, qu'il laisse en grande partie à sa discrétion. Par conséquent, certains contenus malveillants restent souvent affichés publiquement jusqu'à ce que la partie concernée intente une action en justice contre Goodreads.

Critiques IMDb

IMDb (The Internet Movie Database), filiale d'Amazon, tout comme Goodreads, ne peut pas vérifier l'accès des utilisateurs aux médias ou leur visionnage. Selon IMDb, "les évaluations d'IMDb sont "précises" dans le sens où elles sont calculées à l'aide d'une formule cohérente et impartiale, mais nous ne prétendons pas que les évaluations d'IMDb sont "précises" dans un sens qualitatif absolu. Nous proposons ces évaluations comme un moyen simplifié de voir ce que d'autres utilisateurs d'IMDb du monde entier pensent des titres répertoriés sur notre site". Le système d'évaluation d'IMDb a été remis en question à plusieurs reprises. Alyssa Bereznak, rédactrice pour *The Ringer*, a rappelé dans un article critique de 2019 que "la semaine dernière, *Tchernobyl* de HBO s'est hissé au sommet du classement IMDb de tous les temps, dépassant d'autres succès mégapopulaires tels que

Breaking Bad, *Game of Thrones* et diverses saisons de *Planet Earth* qui plaisent aux défoncés. Depuis mardi, la série a reçu une note moyenne de 9,6 étoiles (sur 10) de la part de plus de 200 000 utilisateurs sur le site de divertissement appartenant à Amazon. Pour la presse, l'ascension de la série limitée est la preuve d'un succès historique. *The Economist* s'est emparé des chiffres, les comparant à des pics de trafic sur la page Wikipédia consacrée à la catastrophe nucléaire de Tchernobyl, déclarant que la série était "la série télévisée la plus populaire de tous les temps" et s'émerveillant de la portée de son sujet. Elle a ensuite critiqué le fait que les classements eux-mêmes provenaient d'utilisateurs majoritairement masculins et blancs, tout en notant des scandales de trolling antérieurs dans lesquels des médias avec des acteurs et des équipes majoritairement féminins et racialisés étaient délibérément moins bien classés dans une forme de manipulation des évaluations à grande échelle, en particulier si le contenu était de nature politique. Le débat sur la question de savoir si les critiques d'IMDb proviennent ou non d'une population majoritairement masculine et blanche s'est à nouveau posé dans une affaire où la manipulation des critiques aurait été utilisée pour abaisser le score du film *Black*

229

Panther, qui présentait une distribution majoritairement noire et un scénario racialisé.

Certains critiques ont pris la défense d'IMDb sur la question de la manipulation des critiques concernant des médias plus diversifiés ; par exemple, Kate Erbland (rédactrice pour *IndieWire*) a noté que Rotten Tomatoes, un site d'agrégation de films qui n'appartient pas à Amazon, était confronté au même type de trolling qu'IMDb en ce qui concerne le long métrage 2018 de Disney *A Wrinkle in Time*, qui présentait un casting ethniquement diversifié comprenant l'ancienne animatrice de talk-show Oprah Winfrey, et qui avait suscité des tensions politiques en conséquence. Si Mme Erbland a fait remarquer que les filiales d'Amazon sont équipées pour vérifier que les critiques ont effectivement accédé aux médias qu'ils prétendent avoir consultés, elle a souligné qu'"il n'existe aucun moyen infaillible de vérifier que les personnes qui proposent une critique ou une évaluation du public ont effectivement vu le film, et tout le monde le sait". Le système est si facile à manipuler qu'il peut être utilisé comme une arme contre les films et les créateurs par quelque chose d'aussi simple qu'un groupe Facebook, et ce problème deviendra probablement plus sophistiqué au

230

fur et à mesure que d'autres groupes dédiés à l'abaissement des scores tenteront de contourner les barrières. À l'instar de la filiale Goodreads, IMDb a été confronté à des cas de "review-bombing", par exemple le *long* métrage d'animation *Lightyear* (2022), qui comportait un sous-entendu gay (un couple de même sexe s'embrassant brièvement à l'écran), ce qui a conduit IMDb à verrouiller brièvement la page du film afin que de nouvelles critiques ne puissent pas être publiées.

Goodreads et IMDb utilisent tous deux le terme générique d'Amazon pour désigner la manipulation des commentaires, le trolling et d'autres actes de malveillance en général, et qualifient ces personnes de "mauvais acteurs" dans leurs déclarations officielles.

Stagnation des filiales

D'aucuns affirment que le rachat de filiales par Amazon a entraîné une stagnation et un manque de développement ou d'innovation dans ces filiales. Le *magazine Input* a qualifié la plateforme de métadonnées de livres d'"'ancienne et terrible" et a affirmé qu'elle fonctionnait trop comme une bibliothèque numérique du début des années

2000, sans aucun développement pour s'adapter à la nature évolutive de l'acquisition de métadonnées de livres ou de l'activité des lecteurs en ligne. *New Statesman* a également critiqué Goodreads, qualifiant la plateforme de "stagnante" et de "monopole sur la discussion des nouveaux livres", "mauvaise pour les livres" et "ce qui devrait être un coin confortable et agréable de l'internet est devenu un monstre".

Interruptions d'AWS

Les services Web d'Amazon, une branche de l'entreprise spécialisée dans l'informatique en nuage, sont utilisés par un grand nombre de grandes entreprises occidentales, ainsi que par d'autres services tels que les soins de santé, les médias, la livraison de nourriture et les plates-formes gouvernementales. En 2021, une série de pannes a entraîné la fermeture temporaire de la plupart de ces plateformes, qui comprenaient non seulement les filiales directes d'Amazon, mais aussi Netflix, Tinder, McDonald's, Sweetgreen, Disney+ et Roku, parmi de nombreuses autres plateformes. Certains établissements d'enseignement supérieur et universités qui utilisaient les services Web d'Amazon ont dû reporter des examens et des dates de remise de travaux à cause des pannes. Les livreurs d'Amazon ont également été dans l'incapacité de livrer correctement les colis, tandis que les produits technologiques d'Amazon, tels que la sonnette Ring et Alexa, ont également cessé de fonctionner. Les serveurs sur lesquels Amazon Web Services héberge ses données ne sont pas connus du grand public, de sorte qu'aucun piratage n'a été soupçonné. Les journalistes Aaron Gregg et Drew Harwell ont critiqué ces pannes en déclarant que "les perturbations touchent des millions de personnes sur un réseau de plus en plus interconnecté : nous mettons de plus en plus d'œufs dans des paniers de moins en moins nombreux. C'est ainsi que l'on casse le plus d'œufs". L'origine des pannes n'a jamais été clairement établie, bien qu'Amazon ait répondu à *Insider* par une déclaration qualifiant les pannes d'"événement de service AWS qui a affecté les opérations d'Amazon et d'autres clients".

Impact sur l'environnement

L'un des impacts les plus significatifs d'Amazon sur le changement climatique se situe au niveau de ses opérations et de ses pratiques commerciales. Amazon a été critiquée pour sa dépendance à l'égard des

combustibles fossiles pour alimenter ses énormes
entrepôts, ses flottes de camionnettes de livraison et les
centres de données qui constituent son infrastructure
mondiale (Pratt, 2020). En outre, la demande de nouveaux
produits par l'entreprise auprès de fournisseurs du monde
entier a entraîné une augmentation des émissions dues au
transport et à l'utilisation de l'énergie. En outre, le manque
de transparence de l'entreprise et le fait qu'elle ne se soit
pas encore engagée à atteindre des objectifs substantiels
de réduction des émissions et qu'elle n'en ait pas fait état
ont suscité des inquiétudes supplémentaires quant à son
manque d'action face à la crise climatique (CNBC, 2019).
En 2013, un rapport a révélé que 93 % des plus grandes
entreprises du monde ont rendu compte de leur RSE (Yu
et al, 2022). Bien qu'elles aient exprimé leur soutien aux
énergies propres et aux politiques climatiques, elles ont
fait preuve d'un manque de transparence controversé sur
leurs propres contributions dans le passé (Caraway, 2020).
La question est donc de savoir ce qu'elles font réellement
pour réduire leur propre empreinte carbone.

L'immense empreinte carbone de l'entreprise est
principalement due à ses emballages excessifs et à la
livraison de ses produits. Les flottes de livraison d'Amazon,

composées de camions, d'avions et de drones, sont très polluantes à cause de leurs gaz d'échappement. En outre, Amazon gaspille environ 90 % du plastique utilisé pour ses produits (Moore, 2021). En outre, ses énormes entrepôts et centres de données génèrent de grandes quantités d'énergie et d'immenses déchets. L'impact environnemental d'Amazon est encore amplifié par son manque de responsabilité, car l'entreprise est connue pour contourner les réglementations environnementales et éviter de dédommager les communautés affectées par ses activités.

La vaste portée mondiale d'Amazon a un impact significatif sur la crise climatique. Les entrepôts, les flottes de livraison et les centres de données de l'entreprise consomment ensemble une énorme quantité d'énergie. En outre, le modèle commercial d'Amazon repose sur la commodité de l'expédition rapide, ce qui entraîne la combustion de grandes quantités de combustibles fossiles pour alimenter ses flottes de livraison. Les entrepôts de stockage de l'entreprise ont également une forte empreinte carbone, et l'accent mis par l'entreprise sur la livraison rapide signifie que ses marchandises sont souvent transportées sur de longues distances.

Le changement climatique devenant un problème de plus en plus pressant, de nombreuses entreprises cherchent à réduire leur impact sur l'environnement. Selon l'université du Tennessee à Knoxville, "Amazon a récemment accepté de divulguer son empreinte carbone et a déclaré que son objectif était de faire en sorte que 50 % de ses livraisons aient une empreinte carbone nette nulle d'ici à 2030". Amazon a également commencé à chercher de nouvelles façons de livrer des produits, par exemple par drone. Selon Frachtenburg 2019, "Amazon, avec la bénédiction limitée de l'Administration fédérale de l'aviation des États-Unis (FAA), prévoit de commencer à effectuer des livraisons aériennes par drone aux États-Unis dans les mois à venir et expérimente également des robots de livraison terrestres." Dans l'ensemble, les drones émettent moins de carbone sur de courtes distances et dépassent les camions en termes de vitesse (Goodchild, 2018). Dans l'ensemble, l'étude indique qu'une combinaison de méthodes de livraison serait la meilleure pour l'environnement.

Politique climatique

En 2018, l'Amazonie a émis 44,4 millions de tonnes de
CO_2 .

En novembre 2018, un groupe d'action communautaire
s'est opposé au permis de construire délivré au groupe
Goodman pour la construction d'une plateforme logistique
de 160 000 mètres carrés qu'Amazon exploitera à
l'aéroport de Lyon-Saint-Exupéry. En février 2019, Étienne
Tête a déposé une requête au nom d'un deuxième groupe
d'action communautaire régional demandant au tribunal
administratif de décider si la plateforme répondait à un
intérêt public suffisamment important pour justifier son
impact sur l'environnement. La construction a été
suspendue jusqu'à ce que ces questions soient tranchées.

En septembre 2019, les travailleurs d'Amazon ont organisé
un débrayage dans le cadre de la grève mondiale pour le
climat. Un groupe interne appelé Amazon Employees for
Climate Justice a déclaré que plus de 1 800 employés
dans 25 villes et 14 pays se sont engagés à participer à
l'action pour protester contre l'impact environnemental
d'Amazon et son inaction face au changement climatique.
Ce groupe de travailleurs a adressé une pétition à Jeff
Bezos et à Amazon avec trois demandes spécifiques :

237

cesser de faire des dons aux politiciens et aux lobbyistes qui nient le changement climatique, cesser de travailler avec les entreprises de combustibles fossiles pour accélérer l'extraction de pétrole et de gaz, et parvenir à zéro émission de carbone d'ici 2030.

Amazon a lancé le programme Shipment Zero, mais celui-ci ne s'est engagé qu'à réduire de 50 % ses expéditions à zéro d'ici à 2030. De plus, même ces 50 % ne signifient pas nécessairement une diminution des émissions par rapport aux niveaux actuels, étant donné le taux de croissance des commandes d'Amazon.

Cela dit, le PDG d'Amazon a également signé le Climate Pledge, qui prévoit qu'Amazon atteindra les objectifs de l'accord de Paris sur le climat 10 ans plus tôt que prévu et sera neutre en carbone d'ici à 2040. Outre cet engagement, Amazon a également commandé 100 000 camions de livraison électriques à Rivian. En septembre 2021, le nombre de signataires de l'engagement environnemental d'Amazon s'élevait à 200. Selon le rapport, les signataires de l'engagement proviennent de 16 pays et de 25 secteurs d'activité.

Amazon finance des groupes de négation du climat, dont le Competitive Enterprise Institute.

Amazon a envisagé de mettre en place une option permettant aux clients Prime de faire livrer les colis au moment le plus efficace et le plus respectueux de l'environnement (ce qui permet à l'entreprise de combiner les envois ayant la même destination), mais a décidé de ne pas le faire par crainte que les clients ne réduisent leurs achats. Depuis 2019, l'entreprise propose à ses clients l'option "Amazon Day", où toutes les commandes sont livrées le même jour, mettant ainsi l'accent sur la commodité pour le client, et offre occasionnellement aux clients Prime des crédits en échange de la sélection d'options d'expédition plus lentes et moins coûteuses.

En mai 2022, Amazon a annoncé un engagement de 10,6 millions de dollars pour aider à construire et à rénover 130 logements abordables avec la Metropolitan Development and Housing Agency (MDHA) et soutenir le travail social de l'organisation locale à but non lucratif CrossBridge à Nashville. Depuis 2020, Amazon a consacré plus de 94 millions de dollars à des projets de logements abordables à Nashville. Cet engagement fait partie de l'Amazon

Housing Equity Fund, un engagement de 2 milliards de dollars pour créer et préserver 20 000 logements abordables.

Vente de livres sur le déni du changement climatique

Amazon a vendu plusieurs ouvrages sur le déni du changement climatique, que certains critiques considèrent comme de la désinformation qui devrait être censurée. Dans une interview accordée au *South China Morning Post* et à *USA Today*, le groupe d'activistes Advance Democracy a déclaré qu'"'aucun panneau d'information n'est apparu lors de recherches vidéo portant sur dix expressions clés associées au déni du changement climatique, mais qu'une publicité d'Amazon renvoyant à des livres qui nient l'existence du changement climatique est apparue". L'auteur de romans érotiques Chuck Tingle a écrit et publié un roman satirique humoristique se moquant de ces livres, intitulé *Pounded In The Butt By The Sentient Manifestation Of My Own Ignorant Climate Change Denial* (qu'il a choisi de publier par l'intermédiaire du service Kindle Direct Publishing d'Amazon). Amazon n'a pas répondu longuement aux allégations selon lesquelles elle encouragerait ou soutiendrait des livres soutenant le négationnisme en matière de changement climatique. Alastair McIntosh, professeur à l'université écossaise de Glasgow, s'exprimant au nom de *RealClimate,* a déclaré qu'il était étrange qu'Amazon vende des livres présentant des données scientifiques non évaluées par des pairs : "*Chill* [un livre sur le scepticisme à l'égard du changement climatique] s'est classé en tête du classement des meilleures ventes d'Amazon UK pour le "réchauffement climatique". Invariablement, je me suis retrouvé à demander à ces personnages, qui n'ont pas de publications crédibles évaluées par des pairs dans le domaine de la science du climat : qu'est-ce qui leur permet de penser qu'ils savent mieux que des experts dont la réputation vaut la peine d'être préservée ?

Destruction présumée de stocks invendus

En juin 2021, un reportage d'ITV News a révélé que l'entreprise, dans l'un de ses 24 "centres de traitement" au Royaume-Uni, un entrepôt situé à Dunfermline, en Écosse, détruisait 130 000 articles invendus par semaine, souvent des articles complètement inutilisés tels que des téléviseurs intelligents, des ordinateurs portables, des

241

sèche-cheveux, des lecteurs d'ordinateur et des livres. Un représentant de Greenpeace, Sam Chetan Welsh, a déclaré à ITV News : "Il s'agit d'une quantité inimaginable de déchets inutiles, et il est tout simplement choquant de voir une entreprise pesant plusieurs milliards de livres sterling se débarrasser de ses stocks de cette manière". Amazon a réagi en déclarant : "Nous nous efforçons d'atteindre l'objectif d'une réduction de 10 % de nos stocks : "Nous nous efforçons d'atteindre l'objectif de zéro élimination de produits" et a rejeté les affirmations selon lesquelles elle envoyait ses invendus à la décharge, bien que des journalistes d'ITV aient suivi des camions contenant des marchandises mises au rebut par Amazon vers de tels sites.

Le problème ne se limite pas au Royaume-Uni. En France et en Allemagne, des lois ont été adoptées pour décourager les détaillants de détruire de nouvelles marchandises après que les politiques d'Amazon ont été contestées.

Produits chimiques toxiques

En réponse à la découverte de divers produits chimiques toxiques dans les emballages de produits provenant de vendeurs tiers, Amazon a interdit les produits chimiques toxiques dans les emballages de produits en 2021.

De nombreuses plaintes ont été déposées par des clients qui ont signalé que les boîtes en carton dans lesquelles leurs commandes Amazon sont arrivées avaient une odeur de "caca", qui serait causée par les produits chimiques (4-méthylphénol et 4-éthylphénol) utilisés dans le processus de fabrication des boîtes à partir de matériaux recyclés. Ces produits chimiques ne sont pas nocifs pour l'homme et Amazon n'a jamais réagi publiquement à ce problème.

Livres

L'un des premiers ouvrages critiques à l'égard d'Amazon a été un livre d'essais canadien intitulé *Against Amazon : Seven Arguments* ; ce petit livre a d'abord été relié à la main et imprimé en tirage limité par l'auteur Jorge Carrión, avant d'être repris par l'éditeur indépendant canadien Biblioasis, où il est devenu viral et a commencé à apparaître dans les librairies universitaires. Un autre livre de ce type, *How to Resist Amazon and Why*, de Danny

Caine, a été publié par Raven Books et largement distribué en Amérique du Nord. Ce livre qualifie Amazon de "Scamazon" (portmanteau de "Amazon" et "scam") et présente des informations sur la manière d'acheter localement et d'éviter d'acheter des articles sur Amazon.

Publicité

En 2011, l'Alliance for Main Street Fairness, basée en Virginie, a diffusé une série de publicités télévisées axées sur une idéologie anti-Amazon, encourageant les clients à faire leurs achats de manière responsable. Cette campagne était en partie due à un projet de loi qui, à l'époque, aurait contraint Amazon à être plus diligent dans le paiement des impôts.

En 2020, Ali Haberstroh, résident canadien, s'est senti frustré par le nombre de fermetures de commerces de détail dans le pays et a créé un site web publicitaire appelé *Not Amazon*, qui fait la promotion d'entreprises et de sociétés non affiliées à Amazon de quelque manière que ce soit. Le *Guardian a* publié un article sur le site en 2020, alors que *Not Amazon* avait déjà attiré 350 000 visiteurs. Amazon n'a pas commenté l'article.